欢迎你，新山大人！

走进山大
筑梦未来

走进山大

学无止境　气有浩然

山东大学　编

山东大学出版社
SHANDONG UNIVERSITY PRESS
·济南·

图书在版编目（CIP）数据

走进山大 / 山东大学编. -- 济南 : 山东大学出版社, 2023.6 (2025.7 重印)

ISBN 978-7-5607-7845-7

Ⅰ. ①走… Ⅱ. ①山… Ⅲ. ①山东大学一校史Ⅳ. ① G649.285.21

中国国家版本馆 CIP 数据核字 (2023) 第 085015 号

责任编辑　刘森文　肖世伟
版式设计　唐绍钧
封面设计　张益凤

走进山大
ZOUJIN SHANDA

出版发行　山东大学出版社
社　　址　山东省济南市山大南路 20 号
邮政编码　250100
发行热线　（0531）88363008
经　　销　新华书店
印　　刷　山东蓝海文化科技有限责任公司
规　　格　787 毫米 ×1092 毫米　1/16
　　　　　16.25 印张　220 千字
版　　次　2023 年 6 月第 1 版
印　　次　2025 年 7 月第 4 次印刷
定　　价　58.00 元

《走进山大》编委会

坚定历史自信　谱写时代华章

——写在习近平总书记给《文史哲》编辑部全体编辑人员回信三周年之际

党的十八大以来，在以习近平同志为核心的党中央坚强领导下，党和国家的事业发生历史性变革、取得历史性成就，中国特色社会主义进入新时代。2024年是中华人民共和国成立75周年，也是山东大学加快中国特色世界一流大学建设步伐的关键一年。6月28日，中国共产党山东大学第十五次党员代表大会隆重召开，吹响了“强国建设、山大有为”的奋进号角。

知所从来，思所将往。回望跨越世纪的奋斗路，眺望再启征程的奋进路，需要把山东大学的历史经验总结好、传承好、发扬好，从123年的创业史、奋斗史和发展史中汲取前进力量，铭记奋斗历程，使学校的事业在历史前进的逻辑中前进、在时代发展的潮流中发展。

距离山东大学中心校区不足5公里的省府前街，坐落着山东大学123年前的办学地“泺源书院”。山东大学校史馆现藏的一张非常珍贵的山东大学堂开校教职学员合影照，就是在这里拍摄而成。不到100人的师生员工代表，或簇拥而坐，或摩肩而立，背景建筑上悬“为国育贤”牌匾，从此播下了山东大学的办学基因。在跨越世纪的历程中，山东大学始终初心如磐、使命在肩，秉承“为天下储人才，为国家图富强”的办学宗旨，践行“学无止境，气有浩然”的校训，弘扬“崇实求新”的校风，与祖国共命运、与时代同奋进，书写了一部波澜壮阔的山大历史。

走进山大，会走进一部为国育贤、兴学强国的历史。从山东大学堂开校当年招收300余名学生到如今已培育70余万英才，从与孙中山等人创立同盟会的徐镜心到战死沙场的张自忠再到中华人民共和国十大元帅之一的罗荣桓，从“世纪诗翁”臧克家到国学泰斗季羡林，从“中国克隆之父”童第周到“中国藻类研究之父”曾呈奎，从“两弹一星”元勋王淦昌到“中国雷达之父”束星北，山大人在不同时代、不同领域始终践行着兴学强国的初心和使命，在民族复兴道路上彰显着山大的形象和风采。

走进山大，会走进一部筚路蓝缕、薪火相传的历史。从1938年因战火“暂行停办”到抗日战争胜利后复校青岛再到1949年迎来发展新生，从“冯陆高萧”“八马同槽”到培育造就中国特色哲学社会科学的“山大学派”，从院系调整时为全国十余所高校重组或新建作出重大贡献到世纪之交时组建“新山大”再到新时代踏上新征程，山东大学栉风沐雨、踔厉奋发，薪火相传世纪路，凝心聚力谱华章。

走进山大，会走进一部使命在心、担当于行的历史。从创造《共产党宣言》翻译史上数项“第一”的华岗、成仿吾到摘得1978年全国科学大会奖的邓从豪、潘承洞，从抗美援朝时成为“爱国主义教育的教材”、对越自卫反击战中发起“双心”活动到新冠肺炎疫情防控阻击战中齐鲁医学的使命担当，“使命在心”融入一代代山大人的精神血脉，“担当于行”汇成一代代山大人的时代呼喊。

走进山大，会走进一部敢为人先、崇实求新的历史。从第一所京外官立大学堂的创建到开启文理合办先河，从“童鱼”“哥德巴赫猜想”到“彭最大值原理”，从创立国际公认的“非线性期望”中国学派、构建国际密码中国话语权到破解人类胚胎发育调控机制、攻克隧道与地下工程灾害防控世界难题，一项项的山大首创、中国之最、世界领先，积淀形成了山东大学崇实求新的鲜明标识。

当前，面向中华民族伟大复兴进入关键时期的时代机遇，面临新一轮科技革命和产业变革的深入发展，面对教育强国、科技强国、人才强国的使命召唤，我们更需要以史为鉴、察往知来，将历史当作“最好的教科书”和“最好的老师”。编撰出版《走进山大》一书，不仅在于述录过往120余年山东大学的开拓奋进，展现一代代山大人接续写就的历史华章，更是为了启迪和激励新山大人胸怀“国之大者”，在以中国式现代化全面推进中华民族伟大复兴的新征程中贡献青春、智慧和力量。

教育兴则国家兴，教育强则国家强。在新的历史起点上，我们要高举习近平新时代中国特色社会主义思想伟大旗帜，深入贯彻习近平总书记关于教育的重要论述和习近平总书记给《文史哲》编辑部全体编辑人员重要回信精神，勇担教育强国时代使命，聚焦服务中国式现代化，进一步全面深化改革，解放思想、敢闯敢创，踔厉奋发、全面图强，为加快建设担当民族复兴大任的世界一流大学而团结奋斗。也希望新山大人体悟巍巍学府致力于强国建设、民族复兴的光荣传统和矢志追求，传承“家国情怀、担当精神、崇实品格、创新素养”的山大基因，让奋斗成为青春最靓丽的底色，努力成为中国特色社会主义现代化建设中可堪大用、能担重任的栋梁之才！

山东大学校长 李术才

2024 年 7 月

目录

上篇 世纪山大 薪火相传

中篇　名家荟萃　英华蕴聚

下篇 以文化人 培根铸魂

上篇
世纪山大 薪火相传

山东大学的前身是1901年在济南创办的官立山东大学堂，被誉为中国近代高等教育起源性大学。学校先后经历晚清、民国等历史阶段，并伴随着新中国成立进入全新发展时期，其间几度更名，有过停办、重建、合校、搬迁的多次变革，在不同时期汇纳过多所学校，也曾分出过十多所高等院校。在120余年征程中，山东大学秉承“为天下储人才，为国家图富强”的办学宗旨，以“强校兴国”的责任担当，与民族同呼吸，与国家共命运，书写了一部波澜壮阔、荡气回肠的创业史、发展史和奋斗史。

第一章
图强而生
（1901—1928）

视频《我们的文脉源远流长》：
刊播于 2023 年 2 月 20 日

1901 年山东大学担负着“兴学强国”的时代使命在济南创设，是为晚清第一所京外官立大学堂，且因办学章程开风气之先而在全国兴办新式大学堂的历史大潮中发挥了典章示范作用，开启了近代中国高等教育早期建设的制度化进程，推动了新式大学在全国各地的落成。自 1901 年在济南建校到 1928 年迁至青岛办学，山东大学因社会政治变迁而汇纳各类学校资源，使得这段历史呈现出“一体多源”的发展特点。尽管此间经历了更名、分流、撤并乃至停办等重大变革，学校发展却弦歌不断，薪火相传，尤其是学校所抱持的“为天下储人才，为国家图富强”的办学宗旨，表现出引领时代风潮的天下情怀和家国担当，为此后 120 余年的办学历史积淀下兴学强国的精神基因，成为一代又一代山大人在面临民族危机时担负的历史使命和坚守的价值追求。

● 兴学强国

两次鸦片战争之后，中国面临“西力东进”的千年未有之变局，逐步陷入半殖民地半封建社会的泥淖。自 19 世纪 60 年代始，清政府开展了一场挽救统治的洋务运动，旨在“自强”“求富”。在这种背景下，中华大地涌现出一批学习西方近代知识的新式学堂，以“中学为体、西学为用”为指导，传授西方语言文字或军事工业相关知识。

随着民族危机加深，尤其是中国在甲午战争中落败，一些先进的中国人开始寻找新的救国救民道路。当时的中国，“不患贫，不患弱，特患无人才”。为此，以康有为、梁启超等为代表的资产阶级改良派在光绪皇帝的支持下发起了维新变法运动，其中教育方面乃是改革重点。当时，一些地方或兴办新式学堂，或改革传统书院，要求废除八股、兴西学，革新科举制度、建立新学制。1898 年 7 月，既作为一所官办学校又作为当时国家最高教育行政机关的京师大学堂正式创办。然而，随着戊戌政变的爆发，维新变法运动只维持了百余天便黯然失败，其变法措施几乎尽数被废除，唯有京师大学堂以“萌芽早，得不废”，但此后的发展步履艰难，只能勉强维持而已。

尽管具有近代意义的高等教育此时在中国尚未扎根发芽、茁壮成长，但是通过培养近代化人才以救亡图存则是大多数有识之士的共识，“居今日而言变法，必先熟权乎中国之所缺，而以教育英才为第一义”[1]。而欲振兴教育，别无其他捷径，只有广为兴办新式高等学堂。就是在这种背景之下，山东大学堂担负着“兴学强国”的时代使命而诞生。

● 第一所京外官立大学堂

1900 年，英、俄、日、法、意、美、德、奥八国组成的联军以解救北京使馆被围为借口，悍然发动对华战争，仅用两月时间就攻陷北京，并强迫清政府媾和。尚在“西狩”的西太后慈禧和光绪皇帝，全盘接受八国联军提出的《辛丑条约》。为消弭举国上下之怒火，清政府决定主动变法，

[1] 朱寿朋编：《光绪朝东华录》（四），中华书局 1984 年版，第 4791 页。

▲ 油画《为国育贤》，邢小震 绘

并命地方督抚以上大臣结合地方情形，参鉴西方国家措施，在朝章国故、吏治民生、学校科举、军政财政等方面及早拿出改革方案。

1901年9月14日（光绪二十七年八月初二日），清政府颁发“兴学诏”，要求各地兴办学务，改革原有书院，在省城设大学堂，在各府及直隶州设中学堂，在各州县设小学堂。当时，统辖各省学堂的京师大学堂，因八国联军劫掠北京之故，校舍遭到损坏，师生四散逃离，在清政府推行教育改革之时，还没有得令复校。故而，对于改制的措施和路径，尤其是省立大学堂的兴办流程，清政府在国家层面并没有细致明确的规定，各地在兴办学务时也缺少路径遵循。

山东巡抚衙门接到朝廷施行新政的“兴学诏”，决意结合鲁省情形，起草教育改革方案，尤其要在大学堂规划建设上拔得头筹。此时，在登州（今属烟台市蓬莱区）由美北长老会创办的“中国第一所有近代高等教育意义的大学”文会馆，也受义和团运动影响而暂时停办，该校馆主（校长）赫士（Watson Mcmillen Hayes）于是受邀携师生来济，与抚衙随员唐绍仪、周学熙等人一道襄办大学堂，并筹划办理章程。

11月4日（光绪二十七年九月二十四日），山东巡抚袁世凯向清政府上呈《奏办山东大学堂折》，奏请在省城兴建一所新式学校，名“山东大学堂”，并阐述设校目的：“公家设立学堂，是为天下储人材，非为诸生谋进取；诸生来堂肄业，是为国家图富强，非为一己利身家。”如今山东大学的办学宗旨“为天下储人才，为国家图富强”正渊源于此。当月16日，光绪皇帝接到奏报时朱批：“知道了。政务处暨各该衙门知道，单并发。”

11月25日（光绪二十七年十月十五日），山东大学堂在济南正式开校。山东大学堂系北京以外首所官立地方高等学堂，因而被誉为中国近代高等教育的起源性大学。阴历辛丑年的十月十五日为学校创校之日，这一天也因此成为山东大学校庆纪念日。

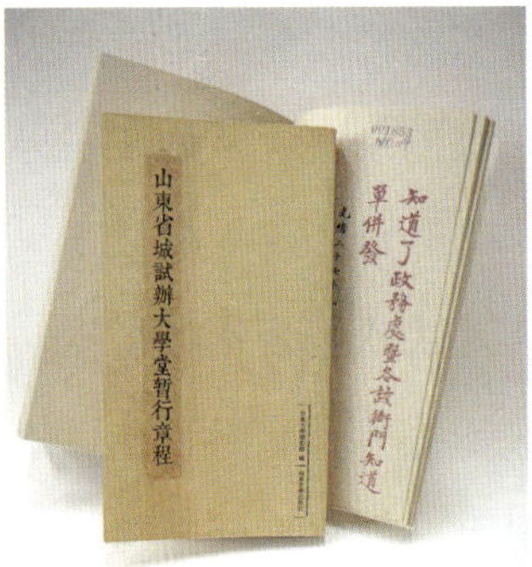

《山东省城试办大学堂暂行章程》及光绪皇帝朱批影印本，原折稿现藏于台北“故宫博物院”。

中国最早的大学章程

山东巡抚袁世凯上折倡办山东大学堂时，专附《山东省城试办大学堂暂行章程》（以下简称《山东大学堂章程》），阐述办学流程，陈明学校条规，作为新建大学堂的规划蓝图。[1]

[1] 相关文本内容参见山东大学档案馆编：《山东省城试办大学堂暂行章程》，山东大学出版社2018年版。

这份章程分“学堂办法”“学堂条规”“学堂课程”“学堂经费”四章九十六节，一万余字，涉及学生收招、师资选聘、课程设置、教学管理和经费来源等学校运营的各方面内容。根据这份章程的规定，学生从入校到毕业的大致程序如下。

第一届学生面向社会进行公开考招，“以三百名为额”。报考年龄在15岁以上23岁以下，且要“通解经史，文理明顺，身家清白，体质强实，并无习气疾病嗜好者”。取得入学资格后，分别在备斋、正斋和专斋就读。备斋相当于各州县小学堂，学习浅近知识；正斋相当于中学堂，学习基础知识；专斋则相当于大学教育，学习专科知识。

在校期间，学生除学习传统的经学外，还要学习文学、历史、地理、法制、理财、兵学、格致、心理学、算学、物理、化学、博物、地质矿物、英文、德文、法文、日文、图画、音乐、体操等学科性知识。学生要按照时间表上课和休息，夏季早五点半就要起来预备课程，早饭、午饭和晚饭时间则分别是早七点半、午后十二点半与晚六点半，晚九点就寝。

学生每年要参加春考和秋考两次考试，总成绩由平时成绩和卷面成绩两部分构成，其中平日堂课占三分之二，季考课占三分之一。学业完成后，正斋毕业生“由总办、总教习考取优等发给凭照。有愿入专斋者，应升入肄业；有愿赴北京大学堂肄业者，禀由巡抚咨送；愿充教习者或赴本省各府州县学堂或赴他省学堂及愿就他项职业者，悉听其便”。专斋毕业生则由总办、总教习考验，择优发给专门凭照，或准令出洋留学，或分派练习实事，备将来教习差遣之用，其中成绩格外优异者，可由巡抚随时奏请破格优奖。

由于官立新式大学堂在晚清时期属于新生事物，尚无章法可循，山东大学堂在其章程中借鉴中西教育体制优点，融会变通，博采众长，形成了一套具有鲜明特色的制度体系。接到山东报来的这份大学堂试办章程，清政府认为其兴建学堂之法切合实际，颇为可行，详规较为完整，具有示范意义，乃下令全国推广："著政务处即将该署督原奏并单开章程，通行各省，立即仿照举办，毋许宕延。"《山东大学堂章程》对当时全国官立新式高等教育的设立起着制度示范作用，因而又被称为"中国最早的大学章程"。

1949 年国民党败退台湾之前，带走了约 31 万件明清档案，其中就有袁世凯的原折以及光绪皇帝朱批的底本。直到 2001 年山东大学举行百年校庆，山东旅台乡亲、曾任台湾大学校长的孙震出席大会，才带回了台北故宫博物院珍藏的《山东大学堂章程》折稿及光绪皇帝朱批的复制本。作为山东大学堂立校之本的这份文献百年之后终回山东大学的怀抱，在其诞生地重新焕发出精神的力量，闪耀着文化的光芒。

● "为各省学堂之冠"

《山东大学堂章程》在办学流程、学堂条规、学业课程、管理结构、经费筹措等规章方面勇开风气之先，推动了新式大学堂在全国各地的落成，成为中国近代高等教育建章立制的生动典范。

江苏巡抚聂缉椝在改设苏州中西学堂为省城大学堂时称，拟按照谕旨设法扩充新式学堂，将苏州省城大学堂广拓斋舍，多招生徒。该校课程、等级、班次等皆借鉴《山东大学堂章程》，即先从备斋、正斋入手，再开设专斋，并购置各类图书、仪器，增添德文、俄文等课，将来若是增设译书局、藏书楼、博物院，"再行参酌山东章程"，设法逐渐扩充，认真办理，以收实效。[1]

浙江巡抚任道镕在改设浙江省境大中小学堂时，表示各堂均延聘总理（即总办）一人，分设中西学各教习，中国教习教授经史、政治等课，西方教习教授天算、地舆、测绘、格致、方言、体操等课。“其他一切条规略仿山东章程”，只是山东大学堂兼包中、小两学，而浙江则系各堂分设，情事稍异、量加变通而已。[2]

河南巡抚锡良和学政林开謩在奏办河南大学堂时说，“其章程则仿照山东学堂规制”，学生先上备斋、正斋再入专斋，次第毕业，以收成德达材之效。只是河南省地处中州，士风素朴，“非通商各省习见洋务者可比”，所以暂缓延聘西学教习，若是有中国人通西学者，也可聘请来大学堂执教。[3]

山西巡抚岑春煊在筹建山西大学堂中亦多次表示：“谕旨敕令各省开办学堂，并令仿照山东章程举办。会商再四，佥以为山东大学堂章程本极周密，既当仿照”，只是“晋省情形略异，尚应因时因地稍有变通”。[4]

广西巡抚丁振铎将桂林体用学堂改为广西大学堂时强调，“所有一切事宜，仿照山东章程”，仅参照广西现有财力斟酌妥办。[5]

贵州巡抚邓华熙奏请办理贵州第一所新式大学堂——贵州大学堂时

[1] 参见聂缉椝：《遵改书院为学堂疏》，陈元晖主编，璩鑫圭、唐良炎编：《中国近代教育史资料汇编·学制演变》，上海教育出版社 2007 年版，第 64—65 页。

[2] 参见任道镕：《遵旨改设学堂疏》，陈元晖主编，璩鑫圭、唐良炎编：《中国近代教育史资料汇编·学制演变》，第 65—66 页。

[3] 参见林开謩：《遵旨设立学堂谨陈筹备情形疏》，陈元晖主编，璩鑫圭、唐良炎编：《中国近代教育史资料汇编·学制演变》，第 73—74 页。

[4] 岑春煊：《晋抚岑中丞遵旨设立大学堂折》，《申报》1902 年 8 月 27 日。

[5] 参见丁振铎：《奏改设学堂筹办情形折》，陈谷嘉、邓洪波主编：《中国书院史资料》下册，浙江教育出版社 1998 年版，第 2503 页。

称："贵州设立大学堂，系领奉叠次谕旨遵办。其规制办法，亦遵旨仿照山东大学堂章程，参酌本省情形，稍为变通，总期实事求是，造就通才，仰副朝廷兴学作人至意。"[1]

百余年后的2013年，中华人民共和国教育部首度批准6所高校的办学章程，此后又有百余所高校的办学章程获准通过，依照章程治校已然成为高校办学的共识。而山东大学堂早在1901年就发出了历史的先声，且其章程内容翔实，条理精密，"为各省学堂之冠，各省学堂大半仿照办理"[2]。因此，山东大学堂在这股兴办新式大学堂的历史潮流中率先承担了建章立制的历史责任，其章程也成为中国近代高等教育制度化肇始的标志，这是山东大学堂留给中国高等教育的丰厚遗产。

● 首任校长

按照《山东大学堂章程》规定，山东大学堂的管理职责一分为三：设立"总办"（相当于现在的校长），统管学校大小事务；设立"总教习"（相当于现在的教务长），负责选聘教员和核定课程；设立"监督"（相当于现在主抓学生工作的副校长），负责督饬管理学生。

其中，山东大学"总教习"职位由登州文会馆馆主赫士受聘担任，至于"监督"一职则又由熟悉文会馆办学情况的蓬莱知县李于锴来济充任，赫、李两人也同时受命参与山东大学堂的筹建事宜。

考虑到"总办"负责学校运营，实为学校之中枢，该职遂由精通中西之学的抚衙幕僚担任。然而，这些亲信在幕府各有职责，加之大学堂毕竟处于草创阶段，规制尚在探索成型之中，管理职责也未予以厘清明定，结

[1] 邓华熙：《试办大学堂暂行章程》，（天津）《大公报》1902年8月6日。

[2]《桐城方君家永山东高等学堂演说稿》，《济南报》第8期，1900 年。

果导致学堂总办一职出现多人接力且权责共担的情形。

在山东大学堂筹建阶段，唐绍仪在抚衙众多幕僚中走在前头，发挥了重要作用。唐绍仪是清政府在洋务运动时期派往美国留学的第三批幼童之一，在哥伦比亚大学学成归国后任清政府驻朝鲜大臣袁世凯的书记官，是袁世凯的得力助手。1899 年冬，袁世凯由工部侍郎升任山东巡抚，即邀请唐绍仪来鲁襄助办理洋务。[1]在山东大学堂筹设期间，作为“洋务中杰出人员”的唐绍仪自然能够发挥重要作用。然而，在山东大学堂即将正式开校之前，唐绍仪于 1901 年 11 月 7 日（阴历九月二十七日）又随袁世凯北上赴任，出任天津海关道一职。[2]特别值得一提的是，唐绍仪在辛亥革命后南北议和期间为北方代表，民国建立时出任第一任国务总理，1931 年还兼任中山县县长，这种能上能下的精神也成为一时美谈。

唐绍仪

全程参与筹办且亲历大学堂顺利开校的总办，乃是时任山东候补道员的周学熙。周学熙，字缉之，号止庵，安徽至德（今属东至县）人，

周学熙

[1] 参见夏征农、陈至立主编，熊月之等编著：《大辞海·中国近现代史卷》，上海辞书出版社 2013 年版，第 249 页。

[2] 参见徐忱：《袁世凯全传》，中国文史出版社 2017 年版，第 197 页。

最初在浙江为官，1900年入东抚幕下，主持兴办实业。周学熙与总教习“妥商酌办”，订立规章制度，筹办学堂事宜，成为山东大学堂正式开校之后的第一任总办，亦即山大历史上第一任校长。1902年，周学熙转往直隶候补，被委任为银元局总办。1903年赴日本考察工商业，后来创办启新洋灰公司、滦州煤矿公司、京师自来水公司等实业，两次出任北洋政府财政总长，与江南的张謇并称“南张北周”，被誉为“北国工业巨子”[1]。

● 一体多源

为实现“为天下储人材，为国家图富强”的设校目标，山东大学堂在筹设过程中，不分中外畛域与新旧之别，物尽其用，人尽其才，地尽其利，如此在历史源头上形塑了山东大学校史沿革中的“一体多源”特点。具体而言，“一体”是指以“山东大学堂—山东高等学堂—山东高等学校—省立山东大学—国立青岛大学—国立山东大学—山东大学—新山东大学（山东大学、山东医科大学、山东工业大学）”为树干的发展主体，“多源”则是指以登州文会馆、齐鲁大学、私立青岛大学、华东大学等校为枝蔓的重要补充，两者共同培育了山东大学这棵新时代中国高等教育界的参天大树。当然，也正是由于深扎于中华大地，山东大学尽管历经时代风雨，却始终吸收发展养分，中西并包，兼容并蓄，最终维持了整棵大树的茁壮成长。

既然号称新式大学堂，其教规课程定要参酌中西学制并教授新学新知，就必须选聘一位既能职尽其责又能学贯中西的总教习。然而，当时风气尚未大开，难觅兼通中西学术尤其是西方知识的本土学者担任大学堂总教习。于是，文会馆馆主赫士便受聘统筹大学堂教务。这样，赫士由登来济任职时，

[1] 陈基余、赵培根主编：《安徽大辞典》，上海辞书出版社1992年版，第639页。

携文会馆本校师资张丰年、仲伟仪、王锡恩、王执中、罗绳引、刘光照，往届毕业生刘永锡、郭中印、李星奎、冯志谦、刘玉峰、连警斋，应届毕业生王振祥和赵策安，以及西学教习赫美吉、富知弥、文约翰、卫礼大等22名中外教习一道参与山东大学堂的创建和西学课程的讲授。因此，山东大学堂在创建之初，就吸纳了登州文会馆的办学经验和师资人员。

大学堂章程得到朝廷旨准之后，紧接着就要觅地建造校舍。当时适逢全国各地书院改作新式学堂，坐落在省城济南的泺源书院作为传统的学塾遵章要改设为大学堂。泺源书院的历史起自1733年（雍正十一年），当时山东巡抚岳濬奉“省会之地仍各建书院，以作育人才”的旨意，在明代都指挥使司官署旧址建立了泺源书院，以“泺水之源”为名，取“不忘所自”的寓意，以期培育维护封建统治的人才。后经山东历任巡抚支持，泺源书院校园宽敞，建筑规整，在山东地区书院中规模最大，文风盛极一时。徐松、匡源、何绍基、王之翰、缪荃孙、曹鸿勋等众多鸿儒硕学

山东大学堂校门

汇聚这里讲学传道，培养出周永年、王懿荣、王寿彭、法伟堂等著名学者。

新建校舍一时难以落实，泺源书院对山东大学堂来说自然是一理想驻地。当然，泺源书院的各类设施与相关人员也随着传统书院改制的政策革新，一并分流到新建的山东大学堂。因此，泺源书院的名谓尽管消失在历史烟云之中，但其源流如同登州文会馆逐步发展至1917年组建成为齐鲁大学并在1952年全国高等院校院系调整时被山东大学接纳吸收一样，积水汇渊，涓流入海，业已融入山东大学“一体多源”的校史发展脉络之中。

山东大学堂开校之初，聘用中学教习6名，西学华人教习6名、西学外国教习3名，到1902年中学教习即增至30余人，西学教习则有40人。大学堂首届招收300名新生，分备斋、正斋、专斋三个教育层级授课，培养学制两年至四年不等，并在1904年顺利送走了首届毕业生，其中正斋62人、备斋120人。

● 六校合一

1904年，清政府推行学制新政“癸卯学制”，山东大学堂遵章改称为山东高等学堂。这时，学校将办学地点迁入济南杆石桥新址，校园占地140余亩，拥有大小房舍1700余间。1905年，学校开设“正科”，并把原来的正、备两斋合称为“预科”，两科共同构成了完整的人才培养体系。学生自预科起按照三类编班：一类预备升入经学科、政法科、文学科和商学科；二类预备升入格致科、农科和工科；三类预备升入医学科。1910年，为解决生源不足而添设附中并加设中学补习科，学生由各中学转入。

1911年12月，山东高等学堂又改称山东高等学校。在1912—1913年“壬子癸丑学制”教育改革中，山东省只得设专门学校，山东高等学校遵章遭到裁撤。1914年，山东高等学校被迫停办，部分师生转入山东公立法政、工业、农业、商业四所专门学校，校舍则由法政专门学校承接使用，校长丁惟椽改任商业专门学校校长。从 1901 年创设山东大学堂至 1914 年山东高等学校停办，设学十四载，毕业 7 届 770 余名学生。

此一时期，山东省将省内高等学堂一律改称公立专门学校，先后设置法政、农业、工业、商业、医学、矿业六所专门学校。如前所述，这六所专门学校既接纳了山东高等学校的人员和物资，在后期又合并组建了省立山东大学，因而在山东大学发展史上起着承前启后的重要作用。

山东公立法政专门学校：1906 年成立法政学堂，由曾任山东大学堂总办的方燕年任校长，后发展为山东第一法政学校。1910 年又成立法律学堂，由中国同盟会创始人之一的丁惟汾任校长，后发展为山东第二法政学校。1913 年，山东第一、第二法政学校合并为山东公立法政专门学校，共毕业学生 2000 多人。1926 年并入省立山东大学，为山东大学法学学科之源。

山东公立农业专门学校：1907 年，山东巡抚杨士骧在济南东关全福庄设立山东高等农业学堂，1913 年改称山东公立农业专门学校，共毕业学生约 400 人。1926 年并入省立山东大学，改为省立山东大学农学院。

山东公立工业专门学校：1912 年，青州府高密中等工业学堂和济南中等工业学堂合并，改称山东公立工业专门学校，共毕业学生 239 人。1926 年并入省立山东大学，为山东大学工科之源。

山东公立商业专门学校：1912 年，青岛资本家叶春墀在济南南关新街创办山东高等商业学校，1914 年改称山东公立商业专门学校。1914 年迁入法政专门学校所遗之皇华馆，共毕业学生 500 余人。1926 年并入省立山东大学，为山东大学经济学科之源。

山东公立医学专门学校：1915 年设立山东医学讲习所，1916 年改称

▲ 国画《王寿彭与季羡林》，董梅 绘

山东省立医学学校，1920 年又改为山东公立医学专门学校，共毕业学生 200 余人。1926 年并入省立山东大学，改为省立山东大学医学院。

山东公立矿业专门学校：1918 年设立山东矿业传习所，1920 年改称山东公立矿业专门学校，校址设在济南东关山水沟街，共毕业学生 82 人。1926 年并入省立山东大学，改为省立山东大学工学院采矿系。

1925 年，张宗昌任山东军务督办兼省长，推动筹备山东大学。1926 年 6 月 28 日，山东省教育厅获令取消山东公立法政、农业、工业、商业、医学、矿业六所专门学校建制，合并组建山东大学。6 月 30 日，聘请山东省教育厅厅长、清末状元王寿彭兼任山东大学校长。8 月 5 日，王寿彭到职视事，启用校钤，挂牌正式成立山东大学（习称“省立山东大学”），并留下了一段与季羡林交往的学林佳话。9 月 1 日，省立山东大学开学，下设文、法、工、农、医 5 科 13 个分科（“科”“分科”相当于院系），学制 4—5 年，校部设在趵突泉街工学院内，相关各科系仍沿用六所专门学校的房舍。南京国民政府成立后，国民政府教育部于 1928 年 5 月计划改组省立山东大学，筹办国立山东大学，并成立国立山东大学筹备委员会，但因五三惨案后日本盘踞济南而暂时搁浅。后来，在蔡元培等社会贤达倡议下，南京国民政府教育部决定接收私立青岛大学校产，在青岛重建一所国立大学，省立山东大学在济南两年左右的办学历史至此告结。

第二章 奠定特色（1928—1949）

视频《仙客来》：刊播于2023年2月17日

1928—1949年是山东大学发展史上的重要阶段之一，学校接收私立青岛大学校产迁至青岛办学，历经国立青岛大学和国立山东大学两个时期。1930年，学校改名为国立青岛大学，探索建立现代大学教育体制，构建了综合性大学的院系框架，成为全民族抗战前全国13所国立大学之一，并在国内外高等教育界崭露头角。1932年学校更名为国立山东大学后，在院系设置上勇于创新，开启了全国高校文理合办之先河，并接续国立青岛大学时期的办学方向，发挥文史研究特长，发展海洋和生物学科，凝塑了独具特色的文脉传统，实现了山大办学史上第一次发展辉煌。1938年，学校因日本侵华战争而被迫暂行停办，但在广大师生不懈坚守和多方努力之下，终在1946年成功复校。在接下来的三年时间里，学校进步师生在地下党组织的领导下，开展了多次反美反蒋斗争，学校于1949年6月青岛解放之后迎来了新生。

● 青岛“将来必为文化中心点”

民国初期，国内政局不稳，战事频繁，社会动荡。济南乃津浦铁路和胶济铁路交会之所，实为战略要冲，是兵家必争的要衢，长年饱经战火侵扰。

而距其300多公里的青岛则偏隅海滨，社会政治稳定，加之自然环境宜人，相对具备较好的办学优势，适宜发展高等教育。

筹创于1924年5月的私立青岛大学，由北洋政府直系将领胶澳商埠督办、交通部长高恩洪牵头倡办，乃青岛地区第一所由中国人筹备创立的高等学府，具有较好的办学资源和条件。

私立青岛大学的校址设在原德军俾斯麦兵营，东接中山公园，西临海滨公园，三面环山，一面靠海。大学路和鱼山路环绕校舍周围，两边建筑红墙黄瓦，道路两旁绿树葱茏。走出学校大门，就能看到水清波小、沙质细软的海水浴场，师生空暇之余可以闲庭信步，放松心情。校园建筑依山而矗，灰砖红瓦，楼内宽敞，院中开阔，可容纳千余名师生居住学习。在国立青岛大学时期，沈从文先生受聘来校工作时曾这样描述学校优美的环境："我住处一切都是静静的，楼上可以看到海，成天变各种颜色，天上云总是淡淡的，夜里天常常

俾斯麦兵营

私立青岛大学校门

蔡元培、蒋梦麟来青岛召集国立青岛大学筹备会时于海滨大饭店合影

国立青岛大学校门

还是浅蓝颜色。美极了。一切都美极了。”[1]杨振声在礼聘梁实秋和闻一多两位先生来校担任教职时也推荐说道：“讲风景环境，青岛是全国第一。”[2]

1924年8月，私立青岛大学正式成立，并在北京、南京、济南及青岛四地设考招生，首届招收工商两科的预科学生80名，其中就包括后来的共和国元帅罗荣桓。1928年初，北伐革命军进抵山东，张宗昌率部败逃，私立青岛大学因政局动荡而经费紧绌，不得已暂时停办。

1929年6月，著名教育家蔡元培携眷来到青岛，住在私立青岛大学学生宿舍小楼，看到校内环境整洁，校外风景宜人，曾在多种场合称“青岛之地势及气候，将来必为文化中心点，此大学关系甚大”[3]，力主将筹划中的国立山东大学迁到青岛。于是，经部长蒋梦麟同意，南京国民政府

[1] 沈从文：《复程朱溪》，《沈从文全集》第18卷，北岳文艺出版社2009年版，第168—169页。

[2] 梁实秋：《梁实秋怀人丛录》，中国广播电视出版社1991年版，第213页。

[3] 蔡元培：《致吴敬恒（稚晖）函》，高平叔、王世儒编注：《蔡元培书信集》（上），浙江教育出版社2000年版，第989页。

教育部接受了蔡元培的意见，指令将国立山东大学筹备委员会改为国立青岛大学筹备委员会，除接收省立山东大学外，并将私立青岛大学校产、校舍收用，用于组建国立青岛大学。

1930 年 9 月 21 日，国立青岛大学正式成立，蔡元培先生的高足、清华大学教务长兼文学院院长的杨振声受聘担任校长。蔡元培亲自为新成立的国立青岛大学题写校牌，出席学校开学典礼并致辞。在与国立青岛大学师生交往过程中，蔡元培将他所提倡的“兼容并包”“思想自由”“科学民主”等现代学风，植入了山大的文化根脉，为山大发展史上第一个“辉煌时期”奠定了思想基础、营造了文化氛围。

国立青岛大学成立之初，先设文、理两个学院，文学院设有中国文学系、外国文学系和教育学系，理学院设有数学系、物理系、化学系和生物系。1931 年 2 月，又将教育学系扩充为教育学院，内设教育行政系和乡村教育系，这样就形成了“三院八系”的办学格局，初步奠定了综合性大学的学科基础。

● “地基打好，础石放牢”

国立青岛大学的存续时间虽然只有短短两年，但奠定了山大此后的学科框架和学术风尚。杨振声校长多次强调：“地基打得好，础石放得牢，将来这广厦百间，高楼千栋，才盖得起，负得住。而我们的经费能多花在这基础上一文，这一文便有它百年的价值，文化的贡献。”

1932 年 9 月，南京国民政府行政院会议议决，将国立青岛大学更名为国立山东大学，任命赵太侔为校长。赵太侔校长“遵循仿效”前任校长杨振声的治校成规，抱持“地基打好，础石放牢”的办学原则，进一步调整院系设置和凝塑发展方向。此时的国立山东大学“有天然优秀的环境，有

▲ 油画《杨振声与赵太侔》，姚榕华 绘

正确固定的计划，所以现在似乎已经创立了他的健全的根基”[1]。

学校先是将教育学院停办，其学生大部分转入国立中央大学教育学院，少数转入本校中文系。增设工、农两学院，工学院暂设土木工程系和机械工程系；农学院设于济南，暂不招本科生。后来，学校又将文、理两学院合并为文理学院，数学、物理两系合并为数理学系。至此，学校共设文理

[1]《介绍国立山东大学（一）》，（天津）《益世报》1934 年 7 月 15 日。

学院、农学院和工学院三个学院，其中文理学院下设中国文学系、外国文学系、数理学系、化学系和生物系，农学院下设研究部和推广部，工学院下设土木工程系和机械工程系。早在国立青岛大学时期，学校就有部分教授提倡开设历史系，但校方考虑到师资欠缺便否决了这一提案，理由是：“而欲对中国史请一好教授，物色几及一年，犹不能得！此系即不敢开办。”

国立山东大学在院系设置上强调文理融合，在当时全国高校中很有特色。学校明确规定文科学生须修理科课程，理科学生也必修文科课程，这一做法得到南京国民政府教育部的赞许：“事属新创，用意尚佳。”蔡元培在了解情况后也予以高度赞扬：“山大还有几点特色，是其他各大学少有的……第一文学院与理学院合并为文理学院——因为文理不能划得界限太清楚了，譬如有许多课目，过去都划在文科里，现在却都归为理科了；如果文理两院合并，自然可以使文科的学生不致忽略了理科的东西，理科的学生也不致忽略了文科的课程。所以，山大合并来办是非常好的……”[1]

这样的培养模式使学生在读期间能对人文科学、自然科学和应用科学等学科知识有着广泛综合的了解，也能够锻炼学生独立思考和解决实际问题的能力。曾当选台北“中央研究院”院士和美国艺术与科学院院士的何炳棣，就是这种培养模式的受益人。何炳棣于1933年考入国立山东大学化学系，后转入清华大学求学，毕业后从事人文社会科学研究，曾担任美国亚洲研究学会会长，扬名国际学界。他后来这样回忆在山大求学的一年时光：“我在山大的一年，是我一生英文进步最猛的一年，是我身高达到极限的第一年，是广义教育行万里路的第一年，由于青岛大自然的号召，

[1] 蔡元培：《在国立山东大学成立四周年纪念会上的讲演词》，《国立山东大学周刊》第85期，1934年9月24日。

▲ 国画《国立青大讲堂》，李静 绘

又是我一生‘美育’开始的一年。如此关键性的一年，确是我终身难忘的一年。”[1]

此时，学校的办学条件也有了很好的改善，“山大的环境可以说是中国唯一的，背山面海，实在是适于研究学问的地方”[2]。除农学院设在济南之外，文理、工两学院的 8 个系全在青岛办学，原有的私立青岛大学校舍面积大概有 400 余亩，内建各类校舍 12 座，不敷应用。经费充裕之后，1933 年建成科学馆，1935 年建成体育馆、工学馆和水力实验室，1937 年又落成化学馆。这些建筑落成后，大大缓解了教学用房及实验室的紧张状

[1] 何炳棣：《难忘的山大一年》，中国人民政治协商会议青岛市委员会文史资料研究委员会编：《青岛文史资料》第 9 辑，胶州市印刷厂，1992 年，第 51 页。

[2] 蔡元培：《在国立山东大学成立四周年纪念会上的讲演词》，《国立山东大学周刊》第 85 期，1934 年 9 月 24 日。

况。此时，化学系、工学院都有自己专用的系馆，数学、物理、生物三系合用科学馆，而中文、外文两系仍在旧楼办学，教学科研需求基本得到满足。

由于师资力量较强、水平较高，校方要求教授主讲骨干知识课程，注重锻造学生的基本功。闻一多先生为一年级新生上国文课，梁实秋先生为一年级新生上英文课。杨振声、洪深、老舍等先生讲课时，内容既全面充实，又有强烈的现实关怀，汤腾汉、童第周、王宗清等先生的授课既有科学性又有创新性，使学生大受启发。

● 第一次历史辉煌

在杨振声、赵太侔两位校长的接续经营之下，山东大学以“学术各派兼容并包、学术思想科学自由”为办学方针，将学术作为立校之本，一方面积极培养学有专长的青年后进学者，另一方面礼聘学界知名大家来青执教。山东大学一时间名家云集，师资阵容在全国大学中首屈一指，在20世纪30年代迎来了120多年发展史上第一次辉煌，由此奠定了学校崇尚学术的历史传统。

当时的文科教师队伍中有闻一多、老舍、梁实秋、沈从文、洪深、游国恩、黄敬思、张煦等知名教授。闻一多先生于1930年8月应杨振声校长之邀，担任文学院院长兼中国文学系主任，任上破格录取了数学0分、国文98分的臧克家，再加上他从中央大学带来的陈梦家，便形成了中国现代诗坛的“闻门二家”——陈梦家与臧克家。梁实秋先生于1930—1934年担任外文系主任兼图书馆馆长，开始了他翻译生涯中的伟业——《莎士比亚全集》的翻译工作。沈从文先生于1931年受邀来校担任中文系讲师，《自传》《月下小景》《石子船》《八骏图》等作品多完成于此时，返京后写成的代表作《边城》也是酝酿于青岛任教时期。洪深先生于1934年担任外文系主任，授课之余进行文艺创作，在校期间创作完成了电影文学剧本《劫后桃花》。老舍先生于1934—1937年任中文系教授，其间创作了《大明湖》《牛天赐传》《骆驼祥子》等多部长、短篇小说。

理科教师队伍也是名流荟萃，人才济济。黄际遇、任之恭、何增禄、王恒守、郭贻诚、王普、汤腾汉、傅鹰、刘咸、童第周、王淦昌等先生或是学界中坚力量，或刚崭露头角。理学院院长兼数学系主任黄际遇教授，早年留学日本和美国，回国后曾任中山大学教授、河南省教育厅厅长、河南省立中山大学校长；物理系主任蒋德寿教授是留学英国的物理学家，任之恭教授是美国哈佛大学博士，王淦昌教授毕业于德国柏林大学威廉皇家化学研究所；化学系主任汤腾汉教授是德国柏林大学博士；生物系主任曾省教授是法国里昂大学博士，刘咸教授是英国牛津大学硕士、皇家人类学会会员，童第周教授是比利时比京大学（今布鲁塞尔大学）动物学博士。

此一时期，学校在教学科研中特别强调经世致用，服务地方社会。化学系对青岛印染业进行考察和研究，力求做到学有所用；生物系对海洋生物进行摸底调查，为开发国家海洋事业提供科学资料；农学院对莱阳梨病虫害的防治以及对山东棉花品种的改良，广受农户欢迎。1934 年 4 月，南京国民政府教育部派专员来校视察，在训令中指出："查该校近年设施，尚能秩序稳进，殊为可嘉。文理学院以理为主，而以中国文学及外国文学两系辅助中外文语文之基础训练，事属新创，用意尚佳。化学方面注重中国药材分析，生物方面注重海滨生物之研究，至为切当。"

学校位于青岛，地处海滨，发展新兴学科尤其是特色学科有着天然之便利。早在杨振声担任校长之初，校方就对青岛的地理环境、自然资源和古迹文献等均做过认真分析和科学研判，提出开设海洋生物学、海洋学、气象学的构想。1931 年，杨振声在报告中指出，中国大学中唯有厦门大学与国立青大在研究"海边生物学"上占有先天优势，但是厦门因天气过热，去往研究多有不便，又易发疟疾，而青岛附近海边生物之种类繁盛不仅不亚于厦门，且天气凉热适中，研究上也较厦门为便。所以，他呼吁："若能利用此便，创设海边生物学，不但中国研究海边生物者，皆须于此求之，则外国学者，欲知中国海边生物学之情形，亦须于国立青大求之。如此，国立青大则将为海边生物学之中心点。"

1933 年春，学校在沙子口地区筹设海滨生物研究所，派员常驻研究。1934 年夏，又与清华大学、北京大学、中华海产生物学会等单位联合组建青岛海产生物研究所，"杨振声蟹""曾省氏鱼"都是在研究中发现的新物种。1936 年 11 月，生物系增设海洋生物研究室，除采集、调查海洋生物外，主要任务是进行科学研究。就这样，学校一步步赢得了“海洋学科远东第一”“生物学科全国最好”的学科口碑。

● 注入红色基因

从全国范围来看，山东大学是较早建立中国共产党地下组织的高校。中国共产党成立三年之后，私立青岛大学即建立了中国共产党的外围组织——共青团青岛大学支部。1931 年 9 月 30 日，山东大学历史上第一个党支部——中共国立青岛大学支部秘密成立，外文系学生王弢（王林）任支部书记，党员有俞启威（黄敬）等同志。1933 年秋，青岛地下党组织指示国立山东大学党员学生李香亭（李克明）、王广义（王路宾）和李实谔在学校建立党支部，由李香亭任支部书记。

20 世纪 30 年代，面对日本帝国主义加剧的侵略以及国民党“攘外必先安内”的反动政策，国立山东大学学生不断发起爱国运动。进步学生俞启威、王弢、杨翼心（杨希文）、李仲翔（李林）等发起成立反日救国会，上街游行宣传，发动抵制日货活动，揭露南京国民政府的“不抵抗”政策。1937 年春，学校一批进步学生在青岛海滨公园集会，成立中华民族解放先锋队山东大学队部。这些进步社团积极开展抗日救亡活动，在校园内向同学们介绍进步书刊，在校园外向普通大众进行抗日宣传，还经常组织救亡歌曲合唱团，吸引青年学子参加，动员学生参加义勇军，走上抗日战场。

山东大学还组建了山东第一个革命红剧团体“海鸥剧社”，为山东乃至全国的戏剧事业作出了重要贡献。1932 年 3 月，中共地下党员王弢和俞启威在学校发起组建海鸥剧社作为中国共产党的外围组织，编演进步独幕话剧，在青年学生中宣传抗日救国。当时上海左翼作家联盟的机关报刊《文艺新闻》发表了一篇文章，名为《预报了暴风雨的海鸥：月亮上升、工厂夜景》，专题报道海鸥剧社的演出活动。[1]俞启威、崔嵬等人改编排练《工厂夜景》《月亮上升》《一致》《暴风雨中的七个女性》等话剧，或是在学校礼堂上演，或是走上青岛大舞台演出，鼓动抗日救国，提高民众爱国觉悟。1933 年，崔嵬将著名舞台剧《放下你的鞭子》改编为街头剧《饥饿线上》，到青岛市街头和附近乡镇地区演出，受到群众欢迎。当年夏，因叛徒出卖，俞启威被捕，崔嵬等人离境避险，海鸥剧社无奈停止活动。剧社的主要成员在新中国成立后多成为著名作家、戏剧家和党的高级干部，如俞启威在新中国成立初期曾任天津市委书记、市长，王弢在解放后曾任天津市文联副主席，崔嵬则在解放后成为著名的电影艺术家和剧作家。

视频《暴风雨中的海鸥》：刊播于 2021 年 10 月

● 西迁四川

1936 年 3 月，国立山东大学学生运动高涨，加之本由山东省支持的办学经费却被地方军阀克扣，校长赵太侔为此提出辞呈。7 月，南京国民政府教育部委派齐鲁大学原代理校长林济青来校代理校长一职。1937 年夏，日本发动全面侵华战争，战火很快烧到山东，国立山东大学决意内迁避乱。当年暑假，在代理校长林济青的组织筹划下，全校

[1] 参见《预报了暴风雨的海鸥：月亮上升、工厂夜景》，《文艺新闻》1932 年 6 月 13 日。

▲ 油画《抗战期间辗转内迁坚持学习的山大学子》，陈欣茹 绘

师生将图书、仪器、各类案卷装箱打包完毕，共分四批往外转移。第一批257箱先运至西安（学校起初拟往西安迁移），不久又转运四川万县（今属重庆万州区）；第二批837箱运至江苏浦口，但因南京于1937年12月失陷，该批物资尽数遗失；第三批16箱先运到汉口，又转运万县；第四批191箱先运送至湖南桃源县，后在湘潭改装民船经娄底运往安化县。未能搬迁的图书、仪器、家具等资材，在日军攻陷青岛后被毁或被

占用。

学校师生则从青岛出发，在南京保卫战爆发之前，沿胶济、津浦铁路到达浦口车站，在这里分两路疏散，一部分乘坐江南轻便火车去往安徽芜湖；另一部分则沿长江水路进入川东万县和重庆等地。师生行经之地，山东地区有济南、泰安，安徽地区有蚌埠、芜湖、安庆，江苏地区有徐州、南京，湖北地区有武汉、沙市（今荆州市沙市区）、宜昌，四川地区有万县。

1938年2月12日，学校整体迁到四川万县，校方向南京国民政府教育部报请开学事宜："本校教职员、学生已到万，借定城北石家庄为校址，筹备就绪，定于本月十四日复课。"然而，因时局动荡，经费支绌，就在学校复课数日之后，南京国民政府教育部即根据行政院2月18日训令，于2月23日下令"将国立山东大学暂行停办"[1]。南京国民政府教育部指令大部分学生转入国立中央大学等校，造册登记在校职工情形，另行分配工作，并将图书、仪器、机械分别暂交国立中央图书馆、国立中央大学、国立中央工业职业学校保管使用。

根据上述几所学校保管使用的山大资产清单，可知山大校产因西迁而损失惨重。1937年内迁前在青岛的校舍计有1411间，可容纳3800余名师生居住学习，市值180余万元，另有各类图书87805册。1937年夏内迁时，打包运走四批计1301箱各类物资。待到1940年6月资产盘点时，除了学校自己保管的19箱资产外，点交国立中央大学借用图书、仪器、药品、机件等项120箱，国立中央工业职业学校为54箱，国立中央图书馆为76箱，国立师范学院为186箱，国立西北工学院为23箱。如此核算，此次转交给上述五家单位保管使用的山大资产共计459箱，由此推断山大内迁物资损失超过六成。截至1938年底，内迁的国立18所高校的财产损失总计2249万余元，而山东大学一校的资产损失即高达361万余元。

1938年3月15日，南京国民政府教育部成立国立山东大学校产保管处，主要职责是盘查和保管校产、编造校产清册以及核发学生成绩表件等。4月，南京国民政府教育部颁发《国立山东大学校产保管办法》，规定国立山东大学停办期间由教育部委派专员组织保管处负责保管教具等校产。6月，

[1]《中国高等教育设置现状》，（香港）《申报》1939年6月10日。

南京国民政府教育部下令解除国立山东大学代理校长林济青的校长职务。至此，国立山东大学的历史暂告终结。

● 复校青岛

1945 年 8 月，历经 14 年的艰苦奋战，抗日战争终于取得彻底胜利，全国人民翘首企盼尽快达成和平的政治环境，各行各业均盼望早日回到正轨，尤其是流散在外的高等教育人员期待早日复员。然而，国民党忙于“劫收”和准备内战，对于复员教育态度冷漠，视而不见，听而不闻。当时，流散全国各地的山大校友，不忍母校长期中断办学，自发组建“山东大学复校协会”，在原国立青岛大学化学系汤腾汉教授等人的鼓呼下，并请杨振声、赵太侔等原任校长及党政名流联名发声，向南京国民政府施加压力，请求在青岛迅速复校。国民党当局迫于社会舆论的压力，决定恢复国立山东大学建制。自 1938 年“暂行停办”八年之后，山东大学终在 1946 年于青岛胜利复校，学脉得以延续。

1946 年 1 月，南京国民政府教育部委派赵太侔为国立山东大学代理校长；2 月，南京国民政府行政院正式任命赵太侔为校长，负责复校事宜。

收复校舍是山东大学复校过程中首先面临的难题。学校原有校舍在青岛沦陷时为日军占用，抗战胜利后又为美军接收且无理盘踞。当时，学校聘周钟岐为总务长兼复校委员会主任，临时觅定胶州路一号甲伪东亚医院旧址为复校筹备处。在与美军驻青司令交涉时，美方说山大校舍乃是从日军“兵营”抢来，已各有所用，“万难让出”。

多次交涉无果，周钟岐便动用媒体力量，进行舆论施压。美军担心招惹中国民众，又怕遭受世界舆论指责，只好先行交出欧阳路校舍，这样复校筹备处遂从胶州路迁入此地办公。接着，鱼山路五号、大学路三号、武

国立山东大学校门

定路廿九号、德平路四十号和四十二号、绥远路十八号、广饶路四号至九号及广西路等处校舍也先后收回使用。8 月初，校方又与青岛敌伪产业处理局签订协议书，言明一俟美军撤离，大学路原校舍须交回国立山东大学。[1]

学校收回上述校舍后，对校舍进行规划布局：鱼山路五号为校本部驻地并驻扎文、理两院，武定路及德平路用作先修班场馆，大学路三号及欧阳路作为教职员工宿舍。接着，医学院、工学院、农学院也相继在武定路、松山路及城阳等地设立校舍和办公楼。其实，这些校舍当时只能说勉敷应用，直至青岛解放后，所有校舍才从美军手中尽数收回。

校舍问题解决完毕，接着就要充实教师队伍。赵太侔校长一方面请回原有师资继续执掌教鞭，另一方面通过多种渠道敦请学界名流来青任教。当时聘请的知名专家学者有中文学科的朱光潜、老舍、游国

[1] 参见周钟岐：《向美军交涉收回校舍的经过》，山东大学校史编写组编：《山东大学校史资料》1983 年第 5 期，第 18—21 页。

恩、王统照、陆侃如、冯沅君、黄孝纾、萧涤非，历史学科的丁山、赵纪彬、杨向奎、孙思白，外语学科的郑成坤、杨宗翰、鲍文蔚，物理学科的丁西林、杨肇燫、王普、郭贻诚、王恒守、赫崇本，生物学科的童第周、曾呈奎、朱树屏，医学学科的李士伟、沈福彭、陆光庭，数学学科的李先正、张学铭，化学学科的刘遵宪、刘椽，海洋学科的沈汉祥、张玺、王以康，农学学科的陈瑞泰，机械学科的丁履德，地质学科的何作霖，政治学科的孟云桥等。除了朱光潜、游国恩两位先生因客观原因未能应聘，老舍先生虽应聘却因赴美未能到校外，其余名流皆于1946年复校后到校，有的担任系所负责人，有的担任学科教授，为学校顺利复校且正常运营打下了根基。

原有师资如期而归，新聘教授纷纷加盟，学校打造的颇有学术研究特色的师资阵容，不仅保证了复校后的教学质量，还为发挥学科优势奠定了坚实的基础。全民族抗战爆发前，学校设有文、理、工等3院8系。复校之初，校方计划扩充为6个学院，学系增至26个，但结合当时办学实际，决定暂时设置文、理、工、农、医5院14系，具体是：文学院，设中国文学系和外国文学系（后又增设历史学系）；理学院，设数学系、物理学系、化学系、动物学系、植物学系、地质矿物学系；工学院，设土木工程学系、机械工程学系、电机工程学系；农学院，设农艺学系、园艺学系、水产学系；医学院不分系，下设附属医院、高级护士职业学校。另外，还附设大学先修班、海洋研究所、水产研究所。

校务工作理清之后，学校拟定招生简章，开展招生工作。除青岛外，还在北平、南京、上海、西安、成都、重庆、济南七地设立招生办事处。各考区共报考5875人，最终录取818人，录取率为14%。此外，还收录南京国民政府教育部拨来先修班及复员青年军学生245名，为国立中央大学代办录取学生 85 名，以及各指定中学送审成绩经查及格录取者 61 名。1946 年复校当年，共计收录学生 1209 名。

学校将 9 月 20 日定为国立山东大学成立纪念日，并计划筹办一场复校大会。10 月 25 日，500 余名师生代表齐聚学校大礼堂，举行国立山东大学复校后的第一次开学典礼。赵太侔校长在会上发表了热情洋溢的讲话，作为山东大学再次踏上征程的宣誓书。他表示，山东大学因抗战而停办，又因抗战胜利而恢复，并强调说大学的任务一方面是做学术研究，另一方面是造就专门人才。他还格外指出，学术当无地方性，应突破地域界限，从全国乃至国际延聘专家学者到校讲学研究。这番言辞既是对在座师生的寄语，又是对国立山东大学办学特色的总结。会后，与会师生还在广场上合影留念，留下了宝贵的瞬间。

第三章
砥砺前行
（1949—1977）

1949年6月，青岛解放，国立山东大学获得新生；1951年3月，国立山东大学与原解放区创办的华东大学合并，组建成新的山东大学。学校在全国高校中率先开展马列主义教育，打造了“政治大课”这一响彻全国的思想政治教育品牌，有力促进了旧教育体制向新教育体制的转轨。1952年全国高校院系调整，学校将工、农、医及政治、艺术等学科调出至省内外其他高校，设置中文、外文、历史、数学、物理、化学、生物、海洋、水产等9系和医学院，发展成为以文、理为主的综合性大学。20世纪五六十年代，学校整合学科资源，形成了“文史见长，加强理科，发展生物，开拓海洋”的办学特色，创办了全国高校“学报之王”《文史哲》杂志并引领了一系列重大学术论争，从而铸就了山大历史上第二次发展辉煌。1958年，学校奉命迁回济南办学，在接下来的岁月里，坚守崇实品格，砥砺前行，为改革开放时期的开拓前行积蓄了力量。

● 解放新生

1949年初，人民解放军对困守青岛、即墨一带的国民党残部发起歼灭战。此时，一些潜伏在国立山东大学的敌特分子配合青岛反动当局，盗卖学校财产，破坏设备，并策划将学校南迁台湾。学校各进步社团响应地下党的号召，发动青年学生成立“学生自治会”以及“国立山东大学应变委员会”，积极开展护校活动和反南迁斗争，有力保护了人员、设施的安全与完整，为国立山东大学在解放后的新生提供了基础保障。

6月2日，青岛解放，当时国立山东大学共有各类教职员工786人、在校学生1101人。青岛市军事管制委员会主任向明派出由王哲、罗竹风、高剑秋组成的军管小组，进驻接管国立山东大学，成立中国共产党总支委员会和青年团工委，并在思想、组织、教学等方面开展整顿工作。6日，解放后的国立山东大学举行集会，1000余名师生员工冒雨参加。王哲代表军管会讲话，指出在青岛解放前后，学校教职员、学生和工友英勇挺身，反对肢解学校，使国立山东大学妥善保存下来，完整地交给了人民，这是一个很大的功绩。8月，校长赵太侔去职，由各方代表组成校务委员会并代行校长职务，丁西林任主任，杨肇燫、赵纪彬任副主任，罗竹风任秘书长，其他成员有魏一斋、童第周、刘椽、王统照、陆侃如、曾呈奎、郭宣霖、潘作新、杨向奎、郭贻诚等人。

9月2日，华岗同志抵达青岛。华岗于20世纪20—40年代在党内一系列重要岗位上发挥过重要作用，曾在济南的“山东省第一模范监狱”与向明一起吃过“牢饭”，是一名久经考验的老革命。华岗这次行停青岛有些偶然。他原本在香港养病，从这里搭乘轮船先到上海，接着转乘火车去往北平，应中共中央统战部部长李维汉之约出任该部第一副部长，但因国民党轰炸吴淞口，所乘轮船未能在上海靠岸，只好继续驶往青岛登陆。这时，他的旧友向明担任青岛市军事管制委员会主任。两人相遇之后，向明得知华岗要去北平赴任，便极力挽留。华岗正巧肠溃疡发作，经请示中央，便暂留青岛养病，并抽空为山大师生讲授“社会发展史”和“共同纲领”等课程，这在全校引起很大震动，也为他日后主政校务打下了坚实的群众基础。于是，中共中央山东分局向中共中央报告，请求留下华岗主持国立山东大学工作。周恩来总理本来计划请华岗到京后担任教育部党组书记，因此亲自致电华岗征询其个人意见，华岗当即表态说自己愿意留在山东大学做教育方面的实际工作。

1950 年 1 月，中国共产党山东大学党总支正式成立，为国立山东大学从旧大学转变为新民主主义的新大学提供了组织保障。4 月，学校举行首届师生代表大会，出席代表 98 人，选举通过新的校委会，华岗任主任委员，陆侃如、赵纪彬、杨肇嬚任副主任委员，常务委员有罗竹风、魏一斋、刘椽、童第周、陈瑞泰、丁履德、李先正，委员有樊翕、杨向奎、何作霖、许继曾、潘作新、沈汉祥、郭贻诚、鲍文蔚、陈机、陆光庭等人。7 月，华东军政委员会教育部同意学校 1950 年度招生章则，学校在上海、济南、青岛等地设立考区，

1950 年 4 月，山东大学举行首届师生代表大会

当年招录新生共计 800 名。国立山东大学由此掀开了新的历史篇章。

● 会师华大

华东大学是在临沂山东大学（1945 年建校）和华中建设大学（1944 年建校）的基础上建立的一所革命大学，1948 年在潍县（今潍坊）开办，济南战役结束之后迁入济南。华东大学转入济南办学后，没有独立的办学空间，借用的是教会大学齐鲁大学的校舍，仅设立了一些文科系所，师资设备也多有不足。随着新中国的诞生和社会主义建设的需要，华东大学开始向正规化大学过渡，但是自身仍存在不少难以克服的困难。

鉴于上述情况，1950 年 9 月 27 日，华东军政委员会致电政务院并转中央教育部，请示山东大学、华东大学合校问题，内容如下："兹因山东大学领导人选久悬未决，华东大学因限于人力物力办理亦有困难，为求集中力量办好山东大学起见，经详加考虑后，决定将华大与山大合并办理，而保留山大校名，已电令山东省府考虑校长人选，并令鲁教育厅负责即行会同该两校当局进行合并事宜，请准予备案。"中央教育部接到电文后，迅即研究并给出意见。华东军政委员会接到中央教育部的复电后，立即研究两校合并事宜，并转知山东省人民政府指示山东大学和华东大学着手筹划办理。

11 月 15 日，山东省人民政府给山东大学、华东大学同时发电："经中央教育部批准，华东大学迁青岛与山东大学合并办理，仍用山东大学名称。并决定以彭康、陆侃如、张勃川、童第周、余修、罗竹风、刘椽、刘宿贤为迁并办理委员会委员，并以彭康为主任委员，陆侃如、张勃川为副主任委员，负责办理迁并事宜，希即日进行工作为要。"

华东大学接到山东省人民政府指示后，举校于 12 月 8 日迁往青岛，暂驻黄台路十号和太平角，一面进行教学，一面商洽合校事宜。12月18日、20日和22日，迁并办理委员会接连举行三次会议，商讨合并细则，确保合校工作顺利完成。经反复讨论，确定山东大学的理、工、农、医四院不变，山东大学文史系的文学组与华东大学文学系并为中国文学系、历史组与华东大学历史系并为历史系，山东大学外国文学系及俄文专修科与华东大学俄语系并为外国文学系，合并后的中国文学系、外国文学系与华东大学原有的艺术系组建为文艺学院，合并后的历史系与华东大学原有的政治系组建为社会科学院，这样新组建的文艺学院和社会科学院加上山东大学原有的理、工、农、医四院，此时的山东大学共有6个学院。

中央教育部于1951年2月27日批复，同意两校的合并方案，决定华岗担任新山东大学校长。3月6日，中央教育部高等教育司张宗麟副司长专程来鲁，代表中央教育部处理两校合并事宜。13日，迁并办理委员会召开第二十次会议，总结成立以来所做的工作，并邀请张宗麟和华岗莅会，

1951年3月合校庆祝大会主席团合影。左起：刘椽、吴富恒、罗竹风、余修、陆侃如、华岗、童第周、刘宿贤、丁履德、何作霖、郭贻诚、陈瑞泰、孟广来（学生代表）等

这是该委员会举行的最后一次会议。会上张宗麟代表中央教育部提出了修订和补充后的合校方案，其主要内容有：

（一）撤销华东大学建制，国立山东大学去掉“国立”二字。合校后称山东大学，设文、理、工、农、医五个学院和政治、艺术两个直属系。

（二）原华东大学中文、历史、俄语三系，并入山大文学院各系，学生按原来的年级上课，俟暑假考试后再定升级或留级。

（三）校长华岗遵照中央教育部电令先行到职工作。

（四）副校长童第周、陆侃如，教务长何作霖，副教务长余修、罗竹风，秘书长刘椽、副秘书长刘宿贤，文学院院长吴富恒，理学院院长郭贻诚，工学院院长丁履德，农学院院长陈瑞泰，医学院院长徐佐夏、副院长潘作新，均即日到职。

（五）遵照中央指示，张勃川调京工作。

（六）行政机构力求简单合理，避免因人设事，取消教务、秘书两处的处长一级，其他行政机构和教学组织的人选，由新任的领导研究决定，由校长呈报。

（七）迁并委员会与两校原有的校务委员会均于3月14日宣布结束，自15日开始由新的领导接任工作。

（八）两校教职工待遇急需个别调整者，由校长拟出具体方案，呈报华东教育部核准。原华大学生的供给制待遇暂维原状，逐渐调整到与原山大学生同样。

19日，合校后的2500名师生员工齐聚六二广场（校内广场，因1949年6月2日青岛解放而得名），热烈庆祝山东大学、华东大学合校成功。会上，华岗校长作了《合校方案和山大前途》的报告，指出“合校是两个性质不同的教育队伍的胜利会师，是中国高等教育史上的创举”，要求全体师生兢兢业业，发愤图强，努力建设新的山东大学。至此，山东大学组织机构和人事任命调整完毕，安排就绪，学校下设文、理、工、农、医 5 院 18 系，并建有历史语文和物理海洋两个研究所，共有学生 2366 人、教师 486 人、职工 524 人，在当时不仅规模上达到历史之最，而且也是全国学科门类齐全的为数不多的几所综合性大学之一。

● 院系调整

新中国成立后，为改变旧中国高等教育重文轻理、专业残缺不全、学校布局不合理的状况，使高等教育适应国家建设需要，有计划地培养大批建设人才，国家决定从 1952 年起对全国高等院校院系进行大规模调整。

1952 年 8 月中旬，华东军政委员会教育部设立院系调整委员会，决定将复旦大学、南京大学、山东大学改为综合大学，建立多学科性质的高等工业学校，新设化工、水利、林业等高等学院，撤销金陵大学、齐鲁大学、圣约翰大学、沪江大学、震旦大学等教会大学的建制。

8 月 23 日，遵照上级的指示精神，山东大学校常务委员会研究决定成立院系调整委员会，华岗任主任委员，李芸生、童第周、陆侃如、吴富恒任副主任委员。9 月初，学校开始院系调整，至月底全面结束，主要做了以下迁并工作：

（一）政治系迁至济南，组建成山东省政治学校，后为中共山东省委党校。

（二）艺术系的戏剧组迁至上海，与上海市立戏剧专科学校合并，组建中央戏剧学院华东分院，后为上海戏剧学院。

（三）艺术系的音乐、美术两组迁至无锡，与上海美术专科、苏州美术专科合并，组建华东艺术专科，后为南京艺术学院。

（四）工学院的土木工程系与原山东工学院的土木、纺织两系合并，成立青岛工学院。后来迁至武汉又与相关院校系科合并，组建武汉测绘科技学院。

（五）工学院的机械、电机两系迁至济南，与原山东工学院合并，后发展成为山东工业大学。

（六）农学院的水产系留校，农艺、园艺和植物病虫害三系迁至济南，与原山东农学院合并，后为山东农业大学。

（七）理学院的地质矿产系、采矿工程系迁至长春，与有关院校的系科合并，组建长春地质学院。

（八）厦门大学海洋系理论组部分教师并入，组建新的海洋系，后发展成为中国海洋大学的前身山东海洋学院。

（九）医学院因受校舍限制，暂缓调整。1956 年青岛工学院迁去武汉时，使用该院校舍组建青岛医学院。

经过 1952 年全国高等院校院系调整，加上之后于 1955 年定点援建的郑州大学，可以说全国十余所大学都蕴含着山东大学的学统和文脉。院系调整后，学校除暂时保留医学院外，取消了其他学院的建制，只保留系一级的教学科研机构，共设中文、外文、历史、数学、物理、化学、生物、海洋、水产 9 系，其中生物系由原动物、植物两系合并而成。至此，山东大学成为教育部直接领导、以文理为主且具有鲜明特色的综合性大学。

● 汇纳齐大

在 1952 年全国高等院校院系调整中，齐鲁大学因整体建制撤销，其部分学科、人员、设施也被山东大学吸纳接收，汇聚成为山大“一体多源”的校史资源。齐鲁大学在20世纪二三十年代进入全盛时期，吸引了文学大家老舍、历史学家顾颉刚和钱穆、墨学大师栾调甫、戏剧学大师马彦祥以及考古学家明义士、吴金鼎和胡厚宣等一批学术鼎甲前来执教，号称“华北第一学府”，与坐落在北京的燕京大学并称“南齐北燕”，尤其是其医学学科实力最为突出，坊间素有“北协和、南湘雅、东齐鲁、西华西”之称。

从历史源流来看，齐鲁大学是中国最早的教会大学之一，其学脉源自1864年美北长老会在山东登州创办的文会馆，这是齐鲁大学文理学科的起源。

1883年，美北长老会传教士医师聂会东（James Boyd Neal）来到登州，准备在文会馆附设医科，但因设备和人员不足，只得暂时开设一家小型诊所，并招收5名学生学习西医，此系齐鲁大学医学学科的发端，也是如今山东大学医学学科的源头。1890年聂会东夫妇奉调到济南，在东关华美街（今兴华街）与洪士提凡（S.A.Hunter）夫妇、安德逊（Andeason）女士一起开设教会诊所，后将诊所扩建改称为“华美医院”，并在其基础上开办了医校。几乎与此同时，英国浸礼会的武成献在青州、巴德顺在邹平所办的教会医院也先后设立医学堂，开展医学教育。义和团运动后，山东的美北长老会和英国浸礼会协商，拟联合成立一所多宗派的国际大学，定名为山东基督教大学，并成立校董会。1903年，校董会决定将济南聂会东、青州武成献和邹平巴德顺所办的医校合并为共合医道学堂，聂会东任校长，山东省第一所正规现代西医高等学校由此诞生，并在1911年4月17日发展成为山东基督教共合大学医科；1904年，登州文会馆正斋迁至山东潍县东关乐道院，与广德书院合并，定名为广文大学，作为山东基督教共合大学的文理科；后又将广德书院神学班与青州葛罗培真书院合并，改称共合神道学堂，作为山东基督教共合大学的神学科。至此，形成了文理、医学、神学四科三地并存的办学格局，奠定了日后齐鲁大学的学科基础。

1917 年 9 月，青州共合神道学堂及师范学校、潍县广文大学迁来济南新校址合并办学，启用“齐鲁大学”（Cheeloo University）作为中文校名，英文正式名称为“Shantung Christian University（Cheeloo）”[山东基督教共合大学（齐鲁）]。从此，“齐鲁大学”之名享誉海内外。

如前所述，早在登州文会馆时期，齐鲁大学就和山东大学有着多重渊源。山东巡抚袁世凯在酝酿创办山东大学堂时，即借鉴文会馆办学章程《登郡文会馆典章》，上奏倡导教育革新，成就了山东大学堂开近代高等教育史制度治校先河的美誉。山东大学堂开办之后，文会馆馆主赫士受邀赶赴济南，担任山东大学堂总教习一职，并从文会馆为大学堂带来了绝大部分西学师资。因此，1952 年全国高等院校院系调整中，齐鲁大学建制被撤销，其相关学科、人员、设施并入山东大学不仅在地理上有着地利之便，而且也接续了历史上源远流长的学脉。

院系调整后，齐鲁大学医学院并入山东医学院（由山东省立医学院与华东白求恩医学院合并而成），并在 1985 年更名为山东医科大学，2000 年合校时成为新山东大学的重要组成部分；齐鲁大学文史学科的部分师资则并入山东大学中文系和历史系，如文学院院长兼历史系主任张维华先生转入山东大学执教；齐鲁大学校区则被山东医学院使用，如今发展为山东大学趵突泉校园。

● 政治大课

早在上任之初，华岗即在学校开展马列主义教育，不仅组织有关教授为学生讲授马列有关理论，还与军代表罗竹风一道为全校师生开设政治大课，讲授“共同纲领”“社会发展史”“辩证唯物论”等课程。由此，山东大学在思想政治教育上走在全国高校前列。1953 年初，学校恢复了因院系调整而暂停的教职员政治大课学习制度，重新组织学习委员会，华岗校长任主任，童第周和陆侃如两位副校长任副主任，各系系主任担任委员。

从 1953 年 4 月至 1954 年 9 月，差不多在每个周六下午，华岗都会亲自主讲辩证唯物论或全国形势的政治大课。据统计，仅在辩证唯物论方面，华岗就讲授 11 个专题，总共作了 35 场报告，每场报告时间都在 3 小时以上。这些报告后来形成文字，或刊登在校刊《新山大》和《文史哲》杂志上，或刊发在《青岛日报》上，甚至连上海《文汇报》也多有转载，其大部分内容最终由华东人民出版社（今上海人民出版社）以《辩证唯物论大纲》的书名，在 1954 年和 1955 年分上下两册出版。

华岗在山东大学推行的“政治大课”，其最大特点在于理论联系实际，把马列主义的深奥理论寓于常见的社会和自然现象之中，内容生动活泼，加上华岗校长讲课时只准备一份简短的提纲，却能讲授流畅，且表情带有感染力，言辞颇具说服力，使人听后顿觉耳目一新，深为折服。每当山东大学举行政治大课，听众除了固定的本校师生之外，青岛市的机关干部、华东军区海军青岛基地官兵、中学教师以及工商业者等市民群众也不约而至，容纳 3000 多人的广场座无虚席，这成为当时青岛市理论学习的盛举。

政治大课通常在学校的六二广场举行，各路听众在开讲之前就赶个大早，提早来到广场占位，以便能够近前听得清楚一点。开讲之后，台阶上、树荫下、草坪上，到处都是手拿笔记本的听众，一边认真听讲，一边匆忙

记录，形成了一道独特的校园风景。虽然是在广场进行，但由于听众太多，场地有限，所以有些单位还自行发放听讲券，限制听课的人数。学校在组织政治大课时，不但极有效率，而且很有特色。在政治大课开讲之前和中间休息的间隙，都会播放革命歌曲，校园各处歌声缭绕，在场听众也随声附唱，歌声此伏彼起，声浪阵阵，营造出激情焕发、催人奋进的革命气氛。

经过政治大课的学习教育，山东大学师生破除了旧传统、旧思想和旧观念，树立起崭新的辩证唯物主义世界观，在思想上得到了解放，在政治上得到了新生。数学系莫叶教授认为自己“教学与师资培养工作，如有成绩的话，应首先归功于辩证唯物论的学习”；海洋系唐世凤教授认为“以

▲ 油画《华岗在上政治大课》，姚榕华 绘

辩证唯物论来研究海洋学，才能认识海洋的真实性，才能纠正对海洋看法的片面性与局限性”，“海洋科学只有与辩证唯物论相结合才能使之发展成长”；副校长童第周教授指出应以辩证唯物论的范畴与方法，来武装思想并进行科学研究。[1]思想解放带来了学校各方面的改观和教学科研事业的腾飞，山大迎来了崭新的校园风貌和发展历史上的第二次辉煌。

● 缤纷校园

新中国成立后，山大青年学子深受“为建设祖国而努力学习”这一口号的鼓舞，刻苦向上，珍惜时光，校园处处呈现出人人争学习、个个比成

[1] 参见山东大学学习委员会：《山东大学教职员“辩证唯物论”学习总结》，《文史哲》1955 年第 2 期。

绩的景象。学生下课之后，或三三两两，或独自一人，分别选择自修或复习的地方，图书馆、宿舍、菩提树荫或绿色的草坪都是另一种形式的课堂。到了晚间，华灯初上后，图书馆灯火通明、座无虚席，校园一片宁静。山大学子埋首书本，如蚕食桑叶一样，伏案向科学进军，不仅贪婪地吸收着老师在课堂传授的知识，而且自觉地从图书馆里、社会上、生活中汲取一切成长成才的养分，正如成仿吾校长于1962年所作校歌中所言“为了社会主义建设，奋斗啊，奋斗啊”。

当时的国人充满了改造现实世界的强烈愿望，对未来充满了信心，这样一个激情四射的社会环境也影响到了山大校园，山大青年学子呈现出意气风发的精神面貌。1954年进入数学系学习的白孝温回忆道：“……好像总有一股无形的力把我们凝聚起来，使人向上，催人奋发，努力求学而不辍。那时，大家都能自觉地安排好自己的生活，处理好各种关系。我们听党的话，向英雄人物学习，似乎都有一个信念：人的一生不能庸庸碌碌，应有所追求，为了祖国的富强，在事业上应干出点名堂，不管干什么工作，都有上进、好强、不甘落后、不甘无为的精神。”

校园的文体活动丰富多样，尤其是集体文娱活动给人留下深刻印象。学生会每周都会组织文娱晚会，各院系或院系之间也会分别举行诗歌朗诵会或联欢晚会，整个校园为此沸腾，生机勃勃。校园还随处可见强身健体的师生。清晨，早操的铃声还没有响起，操场上就已经热闹起来，学生们三三两两，有的在单双杠上翻腾，有的在跳绳跳操，有的在练习中长跑。傍晚，在晚霞的辉映下，在嘹亮的革命歌曲声中，学生们又在篮球场上龙腾虎跃，在足球场上挥汗如雨。

著名历史学家杨向奎在20世纪90年代深情追忆了50年代的校园环

境："有时我和朋友谈到山大的 50 年代还怀念不已，多么好的教学环境啊！出了许多人才，走遍天下，到处可以遇到山大人。"[1]

● 二次辉煌

院系调整结束之后，山东大学的学科骨架基本定型，如何办出特色成为学校重点探索的问题之一。

1952 年 11 月，华岗校长与童第周、陆侃如两位副校长共同商讨学校的发展重点问题，主张建立特色学科，扬长避短，发挥优势。1953 年 5 月，高等教育部要求高等学校以国家建设的需要、现有师资力量与设备条件、取得当地研究部门的密切配合这三个方面为依据，研究并确定各校重点学科和发展方向。经校长、教务长、总务长和系主任联席会议两次专门研究，学校很快拟定《关于我校重点发展方向及贯彻综合性大学会议决议的报告》，并于 6 月底呈报高等教育部。

根据这份报告，学校确定汉语言文学、历史、海洋生物、动物胚胎、植物、物理海洋六个专业为重点发展学科；物理、化学两个专业因师资力量和设备条件较好，又承担理科各系基础课程，也被定为重点学科。自此，山东大学形成了"文史见长，加强理科，发展生物，开拓海洋"的办学特色，并铸就了学校发展史上的第二次辉煌。其主要表现如下：

首先，师资队伍阵容强大、力量齐整，可谓群星璀璨。1953 年时，全校正教授共有 50 人，其中历史系 12 人、中文系 9 人、生物系 8 人、外文系 5 人、数学系 4 人、物理系 4 人、化学系 3 人、海洋系 2 人。1956 年国家实施教授分级制，学校有 1—2 级教授 1 人（冯沅君）、2 级教授 4 人（束

---

[1] 杨向奎：《忆往》，山东大学青岛校友会编：《山东大学（青岛）人物志》，海洋出版社 1991 年版，第 199—200 页。

星北、刘遵宪、杨向奎、童书业）、2—3 级教授 4 人（吴富恒、郭贻诚、张维华、高亨）。

文科方面，中文系名教授有“冯陆高萧”，历史系形成了“八马同槽”的学术盛景；1956 年 7 月高等教育部颁布高等学校招收副博士研究生暂行办法，并在 10 月批准山大中文、历史两系招收副博士研究生，学校由此成为首批具有招收副博士研究生资格的高等院校之一。

理科方面，数学系李先正教授对数学理论有深入探索，莫叶教授是美国华盛顿大学哲学博士，刘智白教授的高等数学、周怀生教授的代数、胡昭全教授的实变函数、张学铭教授的微分方程等在学界也各有地位；物理系主任郭贻诚教授获加州理工学院理学博士学位，束星北教授留学英国和美国并获博士学位，王普教授毕业于德国柏林大学，张亮教授对量子力学和周北屏教授对无线电物理的研究也颇有特色；化学系主任刘椽教授曾任厦门大学理学院院长，刘遵宪教授是留学美国的化学博士，徐国宪教授则从日本留学归来；生物系童第周教授当时是学校副校长，曾呈奎教授在海洋藻类学上扬名国内外学界，陈机教授毕业于法国里昂大学，王祖农教授是巴黎大学理学博士；水产系主任沈汉祥教授擅长水产养殖和加工研究，薛廷耀教授擅长水产捕捞和加工研究，邹源琳教授擅长水产动物的分类、性态、洄游、繁殖等研究；海洋系主任赫崇本教授在海洋物理和海洋气象、唐世凤教授在海流和潮汐学、文圣常教授在海洋动力和波浪学、牛振义教授在气象学研究领域也都极负盛名。

其次，赢得了“文史见长”的学术口碑。当时，以“冯陆高萧”为代表的中国古典文学和汉语言文字学研究与以“八马同槽”为旗帜的历史学研究在全国声名远播，使山东大学成为海内外瞩目的文史研究重镇。

中文系教授有陆侃如、冯沅君、高亨、萧涤非、殷孟伦、殷焕先、黄孝纾、高兰、关德栋等 9 人，副教授等序列有赵省之、孙昌熙、刘泮溪、蒋维崧、周迟明、琦书腓、刘本炎、潘颖舒、袁世硕等人，在中国文学史、汉乐府、唐诗和鲁迅研究等学术领域颇有声誉。

历史系教授有华岗、杨向奎、童书业、张维华、黄云眉、郑鹤声、王仲荦、赵俪生、吴大琨、陈同燮、许思园、莫东寅等 12 人，副教授等序列有孙思白、卢振华、徐绪典、韩连琪、赵殿诰、朱作云、葛懋春、孔令仁、路遥等人，从古代先秦、两汉、魏晋南北朝、隋唐五代、宋元明清到近现代都有专人研究，尤以古史分期、土地制度、农民战争史等专题成果为史学界所重视。

最后，学者办刊，引领学术风潮。1951 年，学校先后创办《文史哲》和《山东大学学报》，不仅为校内乃至全国学者提供了成果发表的园地，亦为学校带来了巨大的学术声誉。20 世纪 50 年代，农民战争史、中国古史分期、土地制度问题、汉民族形成问题、资本主义萌芽问题是史坛的“五朵金花”，其中农民

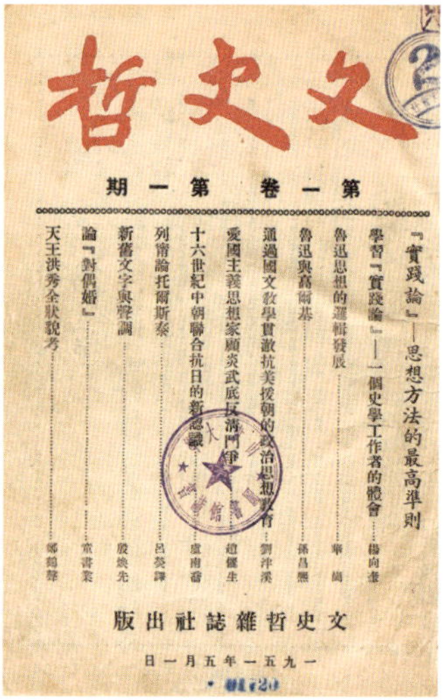

1951 年 5 月 1 日，《文史哲》创刊

视频《追随〈文史哲〉》：
刊播于 2019 年 5 月 16 日

战争史、中国古史分期、土地制度问题这“三朵金花”的讨论乃是山大学者通过《文史哲》这份同人刊物发起并引领的。正因这一时期对学术风尚的引领，《文史哲》后来才获享了全国高校“学报之王”的美誉。

1951 年，上海市市长陈毅评价说，华岗同志在山大办了个《文史哲》学术刊物，它既是校刊性的，又是社会性的，建议各个大学应当仿照山大的做法，以山大为师，都创办一个各有特色的校刊，作为提高教学和研究的学术园地。[1] 1954 年，《文史哲》发表了山大中文系 1953 年毕业生李希凡、蓝翎的《关于〈红楼梦简论〉及其他》一文，引起国内外文学界与红学研究者的关注，受到毛泽东的重视与肯定。《山东大学学报》从一开始作为《文史哲》的重要补充，也是新中国最早的高校学报之一，同样在很早就具有了很大的学术影响力。1955 年，中共中央办公厅秘书室曾专门函告山东大学：“你校出版的《山东大学学报》，我们准备给毛主席订阅两份。但是其中的一至

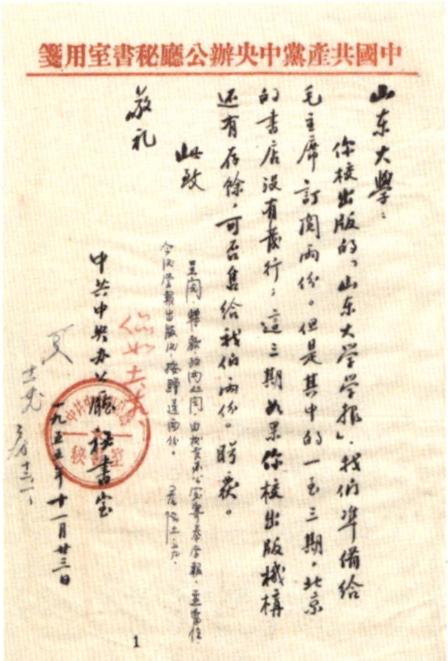
中國共產黨中央辦公廳秘書室用箋

山东大學：

你校出版的"山东大学学报"，我们准备给毛主席訂阅两份。但是其中的一至三期，北京的書店没有發行；這三期如果你校出版機構还有存余，可否集给我们两份。盼复。

此致

敬礼

中共中央办公厅秘书室

一九五五年十一月廿三日

1

1955 年 11 月 23 日，中共中央办公厅秘书室来函订阅《山东大学学报》

[1] 参见罗竹风：《华校长永远活在我们心中》，刘培平主编：《战士·学者·校长：华岗同志百年诞辰纪念文集》，山东大学出版社 2003 年版，第 97 页。

三期，北京的书店没有发行。这三期如果你校出版机构还有存余，可否售给我们两份。”这些都反映了当时山东大学在学界的影响和地位。

● 迁校济南

1955 年 8 月，根据高等教育部有关山东大学迁往河南省郑州市建立新校的各项问题的通知，学校派刘椽、董树德两位教授共赴郑州，分别任建校办事处正、副主任。1956 年 2 月，高等教育部又决定山东大学不迁河南，但新建大学的校舍仍由山东大学负责建筑，以便在第二个五年计划内成立河南大学（后定名为郑州大学）。4 月，高等教育部又决定医学院于当年暑假在青岛工学院原址独立建院，9 月医学院独立建院，改名为青岛医学院。这两次分拆，继 1952 年全国高等院校院系调整之后，又进一步凝塑了学校的学科格局。

1958 年 4 月，中共中央发布《关于高等学校和中等技术学校下放问题的意见》，指出除少数综合大学、某些专业学校和某些中等技术学校仍由教育部或者中央有关部门直接领导外，其他高等学校和中等技术学校都可以下放，归省、自治区、直辖市领导。教育部根据党中央批示的精神，会同有关部门研究，确定将原由中央领导的全国 299 所高等院校中的 187 所划归地方领导，其中山东省下放山东大学和山东工学院两所高等院校。

1958 年秋，中共山东省委研究山东省高等院校的布局和发展，决定山东农学院由济南迁至泰安，以利于直接为农业生产服务；山东大学则从青岛迁至省会济南，接收山东农学院办学场馆。山东农学院校址坐落在济南市东郊的洪家楼，院内有 9 栋大楼、3 处宿舍区，校舍面积约 6 万平方米，另有农场 300 多亩。此时，山东大学校长华岗因在 1955 年 8 月去职，接任的晁哲甫也于 1958 年 9 月离职回省，中央遂调成仿吾担任校长兼党委

山东大学离青之前的校门

山东大学迁济后老校（今洪家楼校园）西门

书记。学校经研究决定按照上级指示精神，将中文、历史、数学、物理、化学、生物6系迁济，海洋、水产和正在筹建的地质3系留青，此后独立发展成为山东海洋学院（今中国海洋大学）。

9月28日，中文、历史两系600名师生先行迁往济南，10月24日最后一批人员和物资顺利抵达济南，举校迁济工作至此完成。

学校迁济后进驻的山东农学院校舍，房舍短缺问题严重，必须另选校址建校。经反复勘测，1959年3月底，中共山东省委研究决定，缓建山东农业展览馆，将该馆在东郊利农庄已征购的1080亩土地全部拨归山东大学，以供兴建新校舍使用。根据既有校舍和学校未来发展规划，学校决定建设新校舍的总面积为30万平方米，先文科后理科，生活与教学用房一齐建设，力争5年左右基本建成。

到1960年夏，规划设计的学生宿舍、教工宿舍和食堂陆续建成，交付使用。当年秋，中文系、历史系、政治系新生在新建校舍入学上课，部分教职员工也入住新建教工宿舍。从此，原来农学院的校舍称为老校（现洪家楼校园），为校部机关和外文、物理、电子、生物4系驻地；新建的校舍称为新校（现中心校区），为政治、中文、历史、数学、化学5系驻地。

● 曲折发展

1960年春，根据培养马列主义理论人才的要求，学校请示上级同意重新设立政治系。同年秋，又将物理系的原子核和电子两个专业分出，组建原子能系（对外称物理二系，后来该系撤销，学生并入复旦大学）和电子系。经过调整，学校由迁济南时的6个系10个专业发展为10个系14个专业，学生达3640人，教师和职工分别有368人和425人。

学校逐步提高基础理论研究比重，加强微分方程、计算机、磁学、晶体、微生物等基础和应用科学研究，制订了极具学科特色的研究计划。1961年，山东大学复归教育部领导，为全国64所直属重点大学之一。1963年，中文、历史、数学、物理、动物、植物、微生物等专业开始招收研究生，在校研究生达114人。1964年4月，化学楼开工建设，并于1965年夏顺利竣工，化学系随即迁入。

1966年"文化大革命"爆发，山东大学的教学科研工作开始受到影响。1967年，山东大学更名为鲁迅大学。随着"文化大革命"的发展，全国高校体制和布局也进行了大规模调整。1970年6月，中共山东省革命委员会核心领导小组批转《山东省高等学校布局和专业调整方案》，指示将山东大学的理科（数学、物理、化学、无线电电子学）改建为山东科学技术大学，校址设在原山东大学校区；生物系并入山东农学院，校址设在泰安的山东农学院；文科和曲阜师范学院合并，组建新的山东大学，校址设在曲阜的原曲阜师范学院校址。山东大学由此被一拆为三，形成了济南、曲阜和

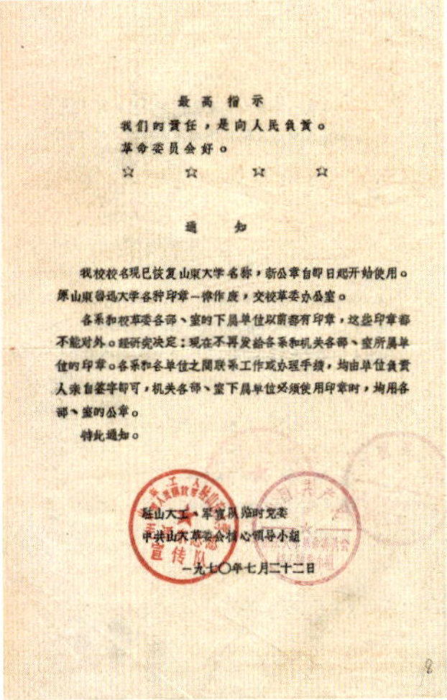

最高指示

我们的責任，是向人民負責。

革命委員会好。

☆ ☆ ☆ ☆

通 知

我校校名现已恢复山東大学名称，新公章自即日起开始使用。原山東魯迅大学各种印章一律作废，交校革委办公室。

各系和校革委各部、室的下属单位以前都有印章，这些印章都不能对外。經研究决定：现在不再发給各系和机关各部、室所属单位的印章。各系和各单位之間联系工作或办理手續，均由单位負責人亲自簽字即可，机关各部、室下属单位必須使用印章时，均用各部、室的公章。

特此通知。

駐山大工、军宣队临时党委

中共山大革委会核心領导小組

一九七〇年七月二十二日

1970 年 7 月 22 日关于恢复山东大学名称的通知

泰安三地办学格局，元气大伤。当年 7 月，驻山东大学工、军宣队临时党委和中共山东大学革命委员会核心领导小组通知，学校恢复山东大学名称。至此，山东大学更名为鲁迅大学的历史结束。

自学校被一拆为三，校内外就有各种呼声，要求恢复山东大学原有建制。1973 年 11 月，周恩来总理在中共山东省委向中共中央的报告上签署恢复山东大学原建制的意见。12 月，中共山东省委接到中共中央指示后，立即在济南召开山东大学等校的分校合校迁校工作会议，安排恢复山东大学事宜。

1974 年 2 月，经中共中央批准，恢复原山东大学和曲阜师范学院建制，同时撤销山东科学技术大学，其教职工全部回流山大。根据这次调整，迁至曲阜和泰安的政治、中文、历史、外文、生物 5 个系全部回到济南，加上留在济南改建为山东科学技术大学的数学（改为自控）、物理、电子、化学、光学（从物理系分出）5 个系，这样恢复后的山东大学共有 10 个系。3 月 7 日，山东大学召开复校大会，省、市有关部门及驻济院校到会祝贺。随着党和国家的工作逐步迈上正轨，复校后的山东大学也开始进入拨乱反正、恢复发展的历史新阶段。

第四章 改革发展

（1977—2000）

1976 年 10 月“文化大革命”结束，党和国家进入新的历史时期，教育工作也重新迈入正轨。山东大学坚持党的基本路线，全面贯彻党的教育方针，拨乱反正，恢复发展，迎着改革开放的春风，进入了前所未有的发展阶段。学校召开文科理论讨论会，把“实践是检验真理的唯一标准”作为会议讨论的重点内容，在全国理论界、学术界、教育界产生了广泛而重要的影响。思想破冰之后，学校不断健全学科体系，开创对外合作交流新局面，开拓本科人才培养新模式，初步形成学科门类比较齐全的研究生培养体系，各项事业踏上了快速发展的轨道，并在 1996 年 1 月通过国家教委组织的“211 工程”部门预审，为 21 世纪实现内涵式发展夯实了基础。

● 思想破冰

1978 年 5 月 11 日，《光明日报》以特约评论员名义发表《实践是检验真理的唯一标准》，全党上下反响强烈，引起了全国范围内轰轰烈烈的真理标准问题大讨论。

10 月 20—30 日，山东大学在全国高校率先召开文科理论讨论会，把“实践是检验真理的唯一标准”作为会议讨论的重点内容。会议邀请北京大学、中国人民大学、复旦大学、南开大学、武汉大学、中山大学等50余所高等院校，中国社会科学院、吉林省社会科学院、山东省社会科学研究所等科研单位，《人民日报》、《光明日报》、《红旗》杂志、《历史研究》、《哲学研究》、国家出版局、中华书局、山东人民出版社等新闻出版单位的近千人参加。

1978年10月，学校召开以“实践是检验真理的唯一标准”为主题的文科理论讨论会

会议由山东大学党委书记孙汉卿主持，校长吴富恒作报告。吴富恒在报告中指出，这次讨论会主要讨论“实践是检验真理的唯一标准”这个重大问题，要根据新时期总任务的要求，贯彻落实全国教育工作会议和文科会议精神，通过对当前理论和学术上一些重大问题的研究讨论，提高认识水平和理论水平，从思想上、理论上和路线上明辨是非、澄清混乱，推动学校的教学和科研工作。他强调与会人员要认真贯彻“双百”方针，破除迷信，解放思想，冲破“禁区”，发扬民主，尊重科学，坚持“三不”主义，允许不同观点、不同意见的自由讨论，做到畅所欲言、各抒己见，反对唯心主义和形而上学，反对主观

武断和粗暴态度。

会议分文、史、哲、经和科学社会主义五组展开讨论，复旦大学副校长蔡尚思、中国人民大学教授吴大琨、《人民日报》理论部主任何匡等人先后作了《解放思想、敢于斗争》《坚持真理标准问题上的唯物主义一元化》《必须加强科学社会主义的研究》等学术报告，引起与会者的共鸣。

文科理论讨论会后，山东大学校内也迅速掀起了“真理标准”问题大讨论，在师生员工中间产生了广泛的影响。可以说，这次讨论会是山东大学走向改革开放的一次思想破冰，极大促进了学校的思想解放、学术繁荣和教研工作的大发展，在全国理论界、学术界、教育界也产生了广泛而重要的影响。

● 开拓前行

1978 年 8 月，山东大学复归教育部直接领导。此时，全校共设哲学、政治经济学、中文、外文、历史、数学、物理、电子、光学、化学、生物等 11 个系 28 个专业。1979 年增设科学社会主义系，1980 年改设经济系，1981 年增设计算机科学系，1983 年增设法律系和微生物系，1985 年增设管理科学系，1986 年增设社会学系和图书馆学系，1996 年又大规模实行校、院、系三级管理，到 2000 年合校前已基本建立起完备的学科体系，设有 13 个学院、40 个系，学校的专业结构和系科设置日趋合理。

经科学规划和接续发展，学校的学位点建设走在了全国高校前列。随着我国恢复高等学校招生考试制度，山东大学在 1977 年共录取本科新生 953 人，此批新生于 1978 年 2 月进校。1978 年 9 月，学校恢复“文化大革命”中停止的研究生招收工作。1980 年 9 月，学校恢复已间断十几年的接收和培养外国留学生工作。1981 年 11 月，国务院批准山东大学为首批博士和硕士授予权单位，首批博士点8个、硕士点21个。1983年5月27日，国务院学位委员会在北京召开博士和硕士学位授予大会，潘承洞教授指导的博士研究生于秀源作为我国首批授予学位的全国18名博士之一参加会议，受到党和国家领导人的接见。到2000年，学校计有3个一级学科博士点、25个博士点、65个硕士点（包括MBA和法律硕士点2个专业硕士点），涵盖了哲学、经济学、法学、文学、历史学、理学、工学、管理学八大学科门类和22个一级学科。

1990年落成的山东大学新校（今中心校区）南门

学校积极释放政策红利，激发青年教师创新活力。1992年底，潘承洞校长主持制定“破格教授”政策，即40岁以下的年轻教师晋升教授职称可不占用所在单位名额，由学校统一遴选。1993年3月，学校一次提拔16位40岁以下的年轻教师为破格教授，最年轻的当时只有30岁。这些人后来都在科研工作中独当一面，成为各自领域的佼佼者，其中一部分还走上了教学科研或管理工作领导岗位。这项措施的实施，不仅较好解决了学校教师队伍学

1983年1月，山东大学第一位博士研究生于秀源（后排右一）学位论文答辩会师生合影。前排左起：莫叶、陈景润、邓从豪、王元、潘承洞

科带头人新老交替问题，还在教师队伍中形成了重能力、重成果、轻资历的良好风气。从此，破格提拔教授成为山东大学的一项教师培养制度，是山东大学发展史上的一项创举，成为山东大学选拔人才的必要制度。另外，学校设立专项基金鼓励更多的青年人才脱颖而出，先后设立青年科学基金、山东大学跨世纪人才基金、山东大学杰出人才奖励基金、山东大学国际学术交流基金等基金，有力资助了青年科技人才的科研活动，对优秀青年科技人才的培养成为学校各项工作中的重中之重。

随着国家事业的发展，为了适应现代化建设的需要，学生规模连年扩大，1979 年学生总数为 3423 人，到 1986 年首次突破万人大关，尤其是在研究生培养方面实现了跨越式发展。学校早在 1950 年即开始招收研究生，截至 1965 年共培养研究生 152 名，而大规模招收和培养研究生，则是从 1978 年恢复研究生招生和 1980 年建立学位制度开始。1978—1999 年，学校共招收研究生 6288 人，其中博士研究生 826 人、硕士研究生 5462 人。2000 年 6 月，山东大学成立研究生院，标志着山东大学高学历人才培养步入了新的发展阶段。

此外，学校还重视和加强国际学术交流与合作，通过多种渠道努力拓展留学生生源。截至 2000 年底，学校共接收培养来自美国、日本、英国、法国、德国、加拿大、韩国、朝鲜等 40 多个国家和地区的留学生 2500 人。除语言进修生外，本科生、研究生比例也迅速上升，学校的外国留学生在数量和质量上都有了较大的突破。

● 科研春天

为加快科研步伐，尤其是凸显基础科学研究的传统优势，学校恢复和建立了晶体材料研究所、数学研究所、微生物研究所、固体物理研究所、量子化学研究室、基本粒子研究室、理论化学研究室、红外遥感研究室、文史哲研究所、古籍整理研究所、现代美国文学研究室、高等教育研究室等重点科研机构。

经过十几年踏实发展，学校科研力量布局日趋合理，科研实力迅速增强，基本奠定了学校科研水平在全国高校中的上游地位。理工科方面，在基础数学、微生物、固体物理、宇宙线高能物理、理论化学、运筹学与控制论等领域位于国内先进水平，在环境科学、生物技术、固体材料物理与化学、控制科学和软件科学等领域形成了新的优势；文科方面，2000 年合校之前文科研究机构已达 36 个，在基础理论、国际问题、地方经济社会发展问题三个方面的研究形成了突出优势。截至 2000 年，学校设立了 3 个国家基础科学研究和教学人才培养基地、2 个国家重点实验室、2 个国家重点学科、1 个国家工程推广中心、1 个国家大学生文化素质教育基地、1 个教育部重点实验室、8 个教育部“长江学者奖励计划”特聘教授岗位，以及6个山东省重点实验室、17个山东省重点学科、3个省级工程研究中心。

此一时期，文理科共向发展，齐结硕果，学校迎来了科学研究的春天。

1978 年，在新中国成立之后首次召开的全国科学大会上，山东大学晶体材料研究所水溶组荣获科学研究先进集体称号，另有 20 项科学研究成果获科学大会奖。

1982 年，在刚刚恢复的国家科学奖励国家自然科学奖评选中，全国总共 7 个项目获得一等奖，山东大学潘承洞教授参与的“哥德巴赫猜想”和邓从豪教授参与的“配位场理论研究”项目位列其中。

1987 年，在全国高等学校优秀教材评审中，中文系萧涤非教授与北京大学游国恩教授、中山大学王起教授等合编的《中国文学史》（四册）获

1978年，晶体生长研究室水溶液班荣获科学研究先进集体称号

1987年，萧涤非与游国恩等人合编的《中国文学史》（四册）获全国高等学校优秀教材评审特等奖

特等奖，中文系冯沅君教授与北京大学中文系林庚教授合编的《中国历代诗歌选》获一等奖，历史系王仲荦教授独著的《魏晋南北朝史》（两册）获优秀奖。同年，晶体材料实验室作为国家教委于1984年在高等学校首批建设的10家重点实验室之一，通过了由国家教委科技司主持召开的专家验收委员会会议的验收。

1993年，《文史哲》杂志被评为全国中文期刊历史学科核心刊物，后又在1999年获评“第二届全国百种重点社科期刊”“全国双十佳学报”和国家新闻出版署和科技部组织评选的“国家期刊奖”。

1994年，在国家教委科技进步奖评奖中，山东大学获奖15项，在全国高校中列第13位，在国家教委所属综合性大学中列第4位。其中，一等奖获得者彭实戈教授在1995年的国家自然科学奖评选中又获二等奖（一等奖空缺，全国高校共获得二等奖5项）。

1995年，中国科学院院士、山东大学校长潘承洞获何梁何利基金科学与技术进步奖。该奖主要授予在特定学科领域取得重大发明、发现和科技成果者，每年颁发一次。次年，中国科学院院士、山东大学原副校长蒋民华教授又获何梁何利基金科学与技术进步奖。

1996 年，数学系教授彭实戈作为首席科学家承担了国家自然科学基金重大项目“金融数学、金融管理、金融工程”，并在 1999 年获准立项经费 500 万元。这是山东大学学者作为首席科学家首次主持承担的重大国家项目，也创下学校科研经费最高纪录。

1998 年是山东大学学术成果空前繁荣的一年，获得国家奖励 2 项、省部级奖励 19 项，合计 21 项。其中获得教育部奖励共 13 项，并且一等奖获奖总数与清华大学、北京医科大学等持平，并列全国高校第一。

从 1999 年起，教育部在全国高校设立人文社科重点研究基地，山东大学此后加强建设的易学与中国古代哲学研究中心、当代社会主义研究中心、文艺美学研究中心、犹太教与跨宗教研究中心四所研究机构在 21 世纪之初先后入选。

● 开放新局

改革开放之后，中国重启对外交流的大门。1977 年 11 月，中国科学院通知由山东省科学技术委员会安排的瑞典应用数学考察组到学校访问与参观，同数学系进行了学术交流。1978 年《中美建交公报》发表，中美两国关系和中国对外开放进入新阶段。当年 12 月，匹兹堡大学教授访华团一行 16 人来校参观访问，这是中美关系正常化后第一支来山东大学访问的美国代表团。

1979 年 6 月，教育部和外交部联合发出《关于开展校际交流的几点意见》，规定全国重点院校可以有选择有计划地与外国高等学校进行学术交流和建立校际联系。1980 年 3 月，哈佛大学教育研究代表团一行 9 人来校访问，由此掀开了山东大学国际校际交流的历史新篇。在接下来的几年里，学校相继又与美国、英国、法国、德国、瑞典、日本、韩国、巴西、苏丹、埃及等国高校开展校际交流与合作，或是签署交流合作协定或意向书，或是保持灵活而又务实的合作关系。截至2000年底，山东大学校际交流与合作院校已达40多家。

与此同时，山东大学还积极“走出去”，加强国际双向合作。1980年9月，学校派出由吴富恒校长任团长，副校长邓从豪、数学系主任潘承洞和历史系副主任陈之安为成员的代表团，赴剑桥大学、哈佛大学、纽约市立学院、匹兹堡大学、印第安纳大学、华盛顿大学、加州大学伯克利分校等英美七所大学，了解大学教研工作的国际前沿，建立和扩大校际联系。此后，学校应邀多次到英国、美国、日本、澳大利亚等国家进行学术交流和访问，或是赴外参加学术会议，或是派员进修和留学，基本涵盖各个学科，促进了学校教学科研工作的发展。

吴富恒校长（右一）在美访问期间与哈佛大学校长布克教授（左一）商谈国际交流

邓从豪校长（左三）率团访问日本和歌山大学

为活跃校内学术氛围，山东大学还邀请一些专家学者来校进行短期讲学和举办专题讲座。这些专家学者中，有的是国际学术大家，如英国伦敦大学亚非学院马森教授、美国耶鲁大学巴克教授、南斯拉夫贝尔格莱德大学德拉奇切教授、加拿大滑铁卢大学塔特教授、国际晶体生长组织主席劳迪斯博士、日本东京大学宇宙科学研究所鸟居祥二研究员等；有的是著名华裔学者，如美国加利福尼亚大学陈省身教授、弗吉尼亚州立大学汪荣祖教授、哈佛大学张光直教授、纽约市立大学唐德刚教授、密歇根州立大学萨基诺分校王裕珩教授、夏威夷大学余尊威教授、加拿大里贾纳大学谢培智教授等。这些国际知名学者的到来，不仅带来了西方国家最新的科学思想和科学方法，开阔了学校师生的眼界，还带动了青年学生投身科研的热潮，活跃了学校国际化的科研风气。

随着学术交流的增多，山东大学也逐年增办国际会议，推动实施学校国际化战略，提升学校的国际知名度和学术影响力。从 20 世纪 80 年代到世纪末，学校每年主办的自然科学、社会科学、人文科学类国际学术会议年平均在 10 次以上，尤其是周期性举办的义和团运动国际学术讨论会、周易学术讨论会、蒲松龄学国际讨论会、赋学国际讨论会、墨学国际讨论会等大型国际学术会议，逐渐成为山东大学对外交往的学术品牌，体现了学校人文科学研究的传统优势，也将学校的学人和成果及时推向国际学术舞台，提升了学校的学科声誉和学术影响。

● 异地办学

20 世纪 80 年代初，改革开放初见成效，经济和社会发展迫切需要高等教育大发展并提供智力支持，中央要求采取有力措施尽快扭转教育同国民经济和社会发展不相适应的局面，多层次、多规格、多形式地加快高等教育发展。

山东大学一向有走在时代前列的历史传统，校方在多次讨论中萌生在改革开放前沿城市创办分校的办学理念。同时，地处山东半岛东端的威海市被国家列为第一批沿海开放城市，其市领导意识到大学对于城市发展和经济振兴的重要性，决定联合一所名牌大学在威海共建一所高等学校。抱着积极改革的精神，探索发挥学校和地方的积极性，高速度、高质量地发展高等教育的新路子，山东大学和威海市走到了一起。

1984年6月，山东大学和威海市政府达成了由威海市提供土地资源、山东大学提供师资、教学设备等联合共建一所大学的意见。经校址勘测，并征得山东省教育厅和教育部支持，1984年11月1日，邓从豪校长赴威海市，代表学校与威海市人民政府正式签订建立山东大学威海分校的协议书。16日，经教育部同意，学校建立山东大学威海分校，属山东大学一部分，归山东大学领导，校址设在威海市西郊玛珈山下。根据威海市的地区特点和经济发展的需要，以及山东省高等学校的专业分

1984年11月1日，山东大学与威海市政府签订建立山东大学威海分校协议书

布，威海分校拟先设置汉语言文学、经济管理、化工、建筑工程学等 10 个文理科专业，面向全国招生，全国分配。1985 年 12 月 5 日，“山东大学威海分校”印章启用。1986 年 9 月 9 日，时任中共中央总书记胡耀邦同志亲笔为山东大学威海分校题写校名。

经过三年多的筹备，1987 年 9 月 15 日，第一批 150 名新生入学。28 日，山东大学威海分校在新落成的文学楼前举行了第一届开学典礼，山东省委副书记、代省长姜春云，威海市委书记李太启、市长李文全等省市领导和兄弟院校代表共 200 多位来宾出席开学典礼。姜春云、李太启和山东大学校长潘承洞为文学楼落成暨第一届开学典礼剪彩并为山东大学威海分校揭牌。

山东大学威海分校的创办，结束了威海市没有高等学校的历史，也开创了我国知名大学与地方联合共建大学的先河。此后，教育部有关领导还先后多次到威海视察，对这种联合办学给予了充分肯定和积极支持，认为山东大学威海分校可作为试点和样板，摸索一条高校与地方政府联合办学的新路。山东大学威海分校后于 2012 年更名为山东大学（威海），校内简称“威海校区”，与济南校区一体融合，其发展可以说见证了改革开放以来我国高等教育跨越式发展的伟大历程。

● 进入“211”

“211 工程”是新中国成立以来由国家立项在高等教育领域进行的重点建设工作，计划面向 21 世纪、重点建设 100 所左右的高等学校和一批重点学科，于 1995 年 11 月经国务院批准后正式启动。

山东大学为此专门成立“211 工程”领导小组，经过努力于 1996 年 1 月通过了国家教委组织的“211 工程”部门预审，其预审意见指出：“山

1996年1月11日，山东大学通过“211工程”部门预审

东大学已成为一所学科门类比较齐全、办学特色较为鲜明、师资力量较强、教育和科研水平较高、居于国内高校前列、在国际上有一定影响的社会主义综合性大学。”

1997年6月，国家计划委员会、国家教育委员会、山东省计划委员会、山东省教育委员会和山东省财政厅等单位组织专家组对《山东大学“211工程”建设项目可行性研究报告》进行了论证及审核，一致同意通过。1998年4月，国家发展计划委员会作出《国家发展计划委员会关于山东大学“211工程”建设项目可行性研究报告的批复》，6月国家教育委员会将此批复向山东大学传达，山东大学作为“211工程”项目院校正式获得立项并在“九五”期间进行建设。至此，山东大学“211工程”建设进入正式实施阶段。

根据国家发展计划委员会的批复，山东大学确立的“211工程”总体建设目标是力争到20世纪末，总体办学水平居于国内重点大学先进行列，部分学科接近或达到国际同类学科先进水平，为到21世纪初叶把山东大学建成具有一定国际影响和有中国特色的社会主义大学奠定坚实的基础。

山东大学“211 工程”项目建设的主要内容分为重点学科建设、公共服务体系建设和必要的基础设施建设三项。其中，重点学科建设包括功能材料科学技术、金融与数学、微生物学与微生物工程学、汉语言文学、科学社会主义与社会发展五个学科，目标是通过以五个学科为核心的重点建设，使之成为我国高水平博士、硕士人才培养和承担国家重大科研任务的重要基地。

通过“211 工程”建设，山东大学在“九五”期间取得了显著成绩和长足进步。条件建设方面，学校建立了先进的校园计算机网络与通信设施，公教楼、经管楼、逸夫信息楼、留学生楼等一批新的教学、科研用房投入使用；学科建设方面，截至 2000 年底，学校有博士学位授予权的学科、专业总数达到 54 个，硕士学位授权学科、专业达到 87 个，从而使学校可以在哲学、经济学、法学、文学、历史学、力学、工学和管理学等学科门类授予硕士、博士学位，初步形成了分布比较合理、多学科共同发展的学科布局；科学研究方面，在 2000 年底全国高校 SCI 论文统计排名中，山东大学以 311 篇居教育部直属高校第 6 位；科技成果转化方面，校办科技产业涉及新材料、电子信息、节能技术、环保技术、计算机软件、生物制药等方面，成立了山东大学科技发展有限公司、华天科技股份有限公司、山东大学鲁能科技有限公司等，山东大学科技园被批准为 22 个国家级大学科技园之一。

总之，在千禧年的钟声即将敲响前夕，山东大学整体办学水平有了明显提高，综合实力进一步增强，学科建设、科学研究、人才培养、师资队伍及管理水平均已进入国内同类高校先进行列，为谱写 21 世纪发展华章打下了坚实基础。

第五章 奋楫争先

（2000—2012）

当历史的脚步即将迈进21世纪之时，国家提出“共建、调整、合作、合并”的高教管理体制改革方针，并建设若干所世界一流大学。经国务院批准，2000年7月22日，山东大学与原山东医科大学、原山东工业大学合并组成新的山东大学，新山东大学由此成为国内学科门类最为齐全的综合性大学之一。新山东大学以融合、改革、发展为主线，合理重组和充分利用三校的教育资源，以建设“山大特色、中国一流、世界水平”研究型大学为目标，坚持学术立校、人才强校、特色兴校、依法治校，实现了强强联合、优势互补的合并目标，并在2001年进入国家“985工程”。在接下来的十余年建设中，学校形成了一批特色突出、优势明显的学科群和学科基地，整体实力明显提升，特色优势更加鲜明，社会影响力不断增强，国际化水平不断提高，掀开了建设世界一流大学的历史新篇。

● 医大发展源流

山东医科大学是卫生部直属的高等综合性医学院校，是我国历史最早的医学院校之一，其发展大致可划分为齐鲁大学医学院、山东医学院、山东医科大学三个主要阶段。

齐鲁大学医学院的起源最早可以追溯到1864年创建的登州文会馆，后经华美医院医校、共合医道学堂、山东基督教共合大学医科等历史阶段，在1917年随着齐鲁大学成立又改为齐鲁大学医科而享誉海内外。1924年，经加拿大议会和政府审议，齐鲁大学获批立案，取得“授予学位及名誉学位的特权”，其医科毕业生可获授由加拿大政府批准的医学博士学位；多伦多大学亦承认齐鲁大学毕业生学历和资格，医科毕业生赴加拿大留学可以免试进入其研究院。1952年9月，随着全国高等院校院系调整，齐鲁大学医学院与山东医学院合并。齐鲁大学医学院自建校以来培养的毕业生计有：医学系七年制学生37届676人，理学院药学系四年制学生7届88人，药学专修科二年制学生10届84人，护士专修科三年制学生5届47人，化验技士专修科学生4届16人，护士学校20届159人，附设进修班学制8个月共结业11人，化验技士训练班学制一年共结业17人。

1924年建成的齐鲁大学校友门

山东医学院系由山东省立医学院与华东白求恩医学院组建发展而来。山东省立医学院前身为山东省立医学专科学校，创建于

1932年8月，全民族抗战爆发后辗转迁至四川云阳、万县办学，抗战结束后改名为山东省立医学院，设学十六载，共培养毕业生353人；华东白求恩医学院前身为新四军军医学校，筹建于1944年冬，1947年改为此名。华东白求恩医学院在八年办学过程中，共培养本科四年制毕业生8届419人，专科二年制毕业生1届70人，中专毕业生7届524人，各种训练班11届结业学员共537人。济南解放后，山东省立医学院与华东白求恩医学院合并组建为新的华东白求恩医学院，接着又于1950年12月改称山东医学院。1952年9月，山东医学院与齐鲁大学医学院合并，成立新的山东医学院，校址迁入齐鲁大学校园（今趵突泉校园）。1955年，山东医学院开始招收研究生，1956年经国家批准成为第一批招收副博士研究生的院校。1978年全国科学大会、全国医药卫生科学大会召开后，山东医学院恢复健全科研机构和科研组织，科研工作从此走上快速发展的道路。

1985年，经卫生部批准，山东医学院更名为山东医科大学。经十五载努力发展，在合校前设有基础医学院、临床医学部、药学院、公共卫生学院、口腔医学院、护理学院、研究生部、社会科学部、成人教育学院，开设本科专业7个、专科专业3个，拥有博士点14个、硕士点43个、博士后流动站1个，另有5个省部级重点学科、4个省部级重点实验室、3家附属医院和12家教学医院。

● 工大历史沿革

山东工业大学的办学源流是1912年兴建的山东公立工业专门学校，其后发展大致可划分为山东工业专科学校、山东工学院和山东工业大学三个阶段。

1949年11月，山东省人民政府将华东财办工矿部济南工业学校、山东生产部济南工业学校、华东交通专科学校、华东交专徐州分校、潍坊华东第二高级工业学校、青岛市生产部青岛高级工业学校六所中等专业学校合并，成立山东工业专科学校。山东工业专科学校创设之初一校三址，总校设在济南，潍坊、青岛各设分校，后随着改名为山东工学院而聚集在济南一地办学。

1951 年 6 月，山东省人民政府奉华东军政委员会指示将山东工业专科学校改为山东工学院，以适应国民经济建设发展需要。1953 年，山东工学院改由中央人民政府高等教育部直接领导，并在专业调整后设机械、电机、自动车 3 系 6 专业。1954 年，以交通大学、华东工学院、山东工学院三校汽车专业为基础，组建长春汽车拖拉机学院（后为吉林工业大学）。

1951 年 6 月 13 日，山东工学院成立

1983 年 5 月，山东工学院改名为山东工业大学，学校发展掀开新篇章：1984 年，被山东省确定为改革试点单位；从 1985 年起，金属材料及热处理、工程热物理、内燃机、工业自动化、电力系统及其自动化、机械制造 6 个学科招收研究生班；1986 年，国务院学位委员会审核批准机械制造专业为

博士学位授权点；1991年，机械制造、铸造、内燃机、工业自动化被确定为省级重点学科，材料工程实验室、电力系统动态模拟与数字仿真实验室、计算机辅助设计实验室被确定为省级重点实验室；1995年，工程热物理、焊接、金属塑性加工、信号与信息处理4个学科被确定为省级“九五”重点学科；1999年，根据国务院批准的《“211工程”总体建设规划》，山东工业大学作为“211工程”项目院校，在“九五”期间进行建设。

合校前山东工业大学设有7个学院、16个系和3个教学部，拥有30个本科专业，25个硕士点、5个工程硕士点、4个博士点和2个博士后科研流动站。其中，材料加工工程和电力系统及其自动化学科被教育部批准设置“长江学者奖励计划”特聘教授岗位，也是山东省属高校中唯一设岗的高校。

● 同源合一

进入20世纪90年代，随着经济体制改革的大力推进以及中央政府机构的改革，改革部门办学的时机逐渐成熟。1994—1998年，国务院相继召开了四次高等教育管理体制改革座谈会，最终提出“共建、调整、合作、合并”的八字方针，明确要求淡化和改革高校单一的隶属关系，加强省级政府统筹。

根据国务院的有关规定，经教育部和山东省人民政府批准，原来分别隶属于教育部、卫生部和山东省的山东大学、山东医科大学和山东工业大学三所部省重点大学合并组建为新的山东大学，同时撤销原三校建制。2000年7月22日，山东大学与山东医科大学、山东工业大学三校合并大会在原山东大学新校（今中心校区）科学会堂隆重举行。会上，教育部党组书记、部长陈至立宣布教育部《关于山东大学、山东医科大学、山东工业大学合并组建新的山东大学的决定》和新山东大学党政领导班子成员名单，朱正昌任新山东大学党委书记，展涛任新山东大学校长，新的山东大学为教育部直属高校。

2000年7月22日，山东大学与山东医科大学、山东工业大学三校合并大会隆重举行

实际上，三校合并不仅在现实中有着资源互补的优势，而且在历史上还存有多重的学脉渊源。1912年设立的山东公立工业专门学校在1926年随山东省其他5所公立专门学校一道组建省立山东大学，并且在1952年全国高等院校院系调整期间，山东大学工学院的机械、电机两系反过来又与1951年复建的山东工学院合并；1951年并入山东大学的华东大学，在济南解放后曾在齐鲁大学校园办学，而齐鲁大学的部分学科则在建制撤销后并入了山东大学。三校此次合并组建新的山东大学，不仅是现实中的优势互补，更是历史上的同源合一。

合校后的新山东大学校园占地面积5637亩，全日制在校本专科生和研究生达到30111人，教职工10052人，其中教授601人，博士生导师212人；设有博士授权点42个、硕士授权点128个、博士后流动站7个，研究生层次教育涵盖了哲学、经济学、法学、文学、历史学、理学、工学、医学、管理学、教育学等十大学科门类；建有国家重点学科2个，国家工程技术推广中心1个，省、部级重点学科32个，国家重点实验室2个，省、部级重点实验室21个，省级工程技术研究中心6个，附属医院3家，教学医院12家。

新山东大学成立后，学校顺利完成校级管理机构合并、学科与院系调整等工作，采取了若干创新性的改革措施，创新办学理念，积极稳妥地实现了实质性融合，合校的优势逐步显现出来。教育部多次就新山东大学的发展情况和办学成就给予高度评价，认为山东大学“创造了学校发展历史的最好时期”，“是合校成功的范例”。2005年8月，教育部部长周济来山东大学视察工作时指出：“山东大学用实际行动证明了中央对高等学校进行结构调整，实现强强联合，方向是正确的，山东大学为中国高等教育的改革和发展作出了重要贡献。”

● “办成国内外知名的高水平大学”

在三校组建后不久，山东大学即迎来建校百年华诞。刚理顺校级层面架构，新山东大学即把校庆筹备工作列入党政工作的重要议事日程，成立百年校庆筹备工作领导小组，并设立百年校庆筹备工作办公室。

2001年3—4月，《光明日报》、《人民日报》（海外版）等中央媒体特设“名人与山大”“世纪回眸 山东大学”等专栏，向海内外展现山东大学的风采。接着，中央电视台《实话实说》《东方之子》《新闻联播》等栏目先后推出有关山东大学的节目，国家邮政局破例专门批准了名为“教书育人”的山东大学百年校庆邮资图案，山东省邮政局专门发行了山东大学百年校庆邮资图案系列明信片及邮票纪念册和首日封。

山东大学百年校庆得到了中央和各级领导的关心与支持。7 月 1 日，中共中央总书记江泽民同志为山东大学百年校庆题词："团结进取，开拓创新，为把山东大学办成国内外知名的高水平大学而奋斗。"全国人大常委会委员长李鹏同志题词："齐鲁大地人才辈出，百年学府再创新章。"

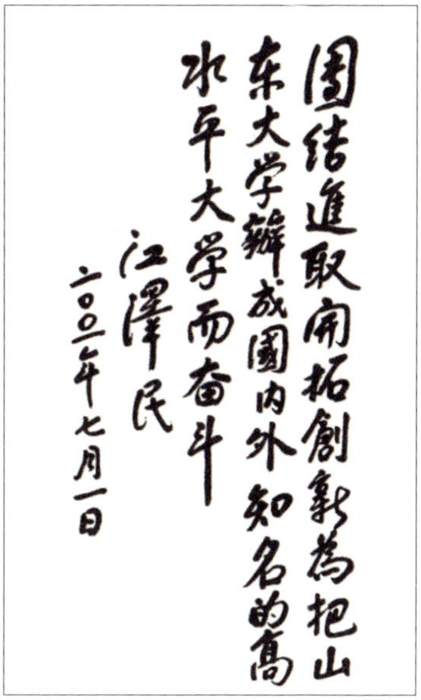

江泽民同志为山东大学百年校庆题词

学校各单位组织了一系列学术与科技活动，开展了中英大学校长研讨会、国际大校长论坛、国际管理论坛、企业家论坛、中学校长论坛等活动，规格层次高，参与人员广泛，影响深远。英国牛津大学、剑桥大学、伦敦大学学院和美国华盛顿大学等几十所世界名牌大学和国内知名大学的 40 多位校长参加了校庆活动或各类学术交流活动。学校各院部单位也安排了院士论坛等学术交流活动近百场次。

10 月 10 日，山东旅台乡亲、台湾大学原校长孙震先生向山东大学转交台北故宫博物院赠送的光绪二十七年九月二十四日（1901 年 11 月 4 日）山东巡抚袁世凯奏折《山东省城试办大学堂暂行章程》及光绪皇帝朱批的仿真复制本。这一中国近代高等教育史

山东巡抚袁世凯奏折《山东省城试办大学堂暂行章程》及光绪皇帝朱批（复制品）

上的首份治校章程，也是山东大学堂的立校之本，在百年后回归其诞生地山东大学，彰显了山大历史的百年厚重和章程建校的制度光辉。

10月15日上午，中外来宾及山大师生约15000人在山东大学东校区新校（今中心校区）新建体育场隆重集会，纪念山东大学建校100周年。百年校庆系列活动的举办，第一次向海内外展示了新山大的新形象，对于学校回顾办学历史，总结办学经验，弘扬优良传统，宣传办学成就也起到了积极作用。

● 迈入“985”

合校之后，新山大在学科建设、教学改革、人事分配制度改革、后勤社会化改革等领域取得重大进展，在探索高校体制改革方面迈出了重要步伐。新山大展现的这种良好形象，尤其是通过三校实质性融合所彰显的办学成就和办学实力，得到了国家和社会的高度认可。

2001年2月，教育部与山东省人民政府签署了重点共建山东大学协议，标志着山东大学“985工程”一期建设全面启动。2004年，学校被列为副部级中央直管高校，校党委书记、校长职务均列入《中共中央管理的干部职务名称表》，校党委书记、校长为副部长级的中管干部。2005年8月，教育部和山东省人民政府在济南举行继续重点共建山东大学协议签字仪式，山东大学“985工程”二期建设全面启动。

经过十余年“985工程”建设，山东大学形成了一批特色突出、优势明显的学科群和学科基地，在晶体材料、金融数学、密码技术、微生物技术等领域具有较大的国际影响力。2007年，教育部进行新一轮国家重点学科评审，学校原有6个国家重点学科顺利通过评估，12个学科成功增列为新的国家重点学科，2个一级学科被认定为一级学科国家重点学科，3个学科被批准为国家重点（培育）学科。

重大科研奖励和荣誉方面，山东大学学者表现突出。自然科学研究领域，2000 年，王执福教授等获国家技术发明奖二等奖，云昌钦和杨志强教授获国家科技进步奖二等奖（一等奖空缺）；2001 年，尹衍升教授获国家技术发明奖二等奖；2002 年，蒋民华院士获山东省科学技术最高奖；2003 年，彭实戈教授获山东省科学技术最高奖，吴佑实教授获国家科技进步奖二等奖；2005 年，王克明教授获国家自然科学奖二等奖；2006 年，张运院士获国家科技进步奖二等奖，马春元教授获国家技术发明奖二等奖；2007 年，彭实戈院士获何梁何利基金科学与技术进步奖；2008 年，王小云教授获国家自然科学奖二等奖（一等奖空缺），张运院士获山东省科学技术最高奖；2009 年，陈子江教授获国家科技进步奖二等奖，张运院士获何梁何利基金科学与技术进步奖；2010 年，赵国群教授、陈代荣教授分获国家科技进步奖二等奖，赵刚教授获何梁何利基金科学与技术进步奖；2011 年，李术才教授获国家科技进步奖二等奖，曲音波教授获国家技术发明奖二等奖。

人文社科研究领域，2002 年，王绍曾教授主编的《清史稿艺文志拾遗》和陈炎教授主编的《中国审美文化史》分获中国高校人文社会科学研究优秀成果一等奖；2004 年，黄少安教授获首届中国农村发展研究奖，臧旭恒教授获第十届孙冶方经济科学奖经济学著作奖；2006 年，郑杰文教授所著《中国墨学通史》入选《国家社科基金成果文库》；2007 年，廖群教授所著《先秦两汉文学考古研究》入选《国家哲学社会科学成果文库》；2009 年，郑杰文教授所著《中国墨学通史》获中国高校人文社会科学研究优秀成果奖一等奖；2010 年，屠友祥教授所著《索绪尔手稿初检》入选《国家哲学社会科学成果文库》，方辉教授主持发掘的济南大辛庄商代遗址入选全国十大考古新发现；2011 年，杨蕙馨教授等著《经济全球化条件下产业组织研究》和陈炎教授等著《儒、释、道的生态智慧与艺术诉求》同时入选《国家哲学社会科学成果文库》。

此一时期，学校在学生综合素养培养上也亮点纷呈。在全国大学生数学建模竞赛上，学校共获全国一等奖 25 项、二等奖 34 项，特别是 2009 年获本科组唯一最高奖项——“高教社杯”。在“挑战杯”中国大学生创业计划大赛中，学校在 2000 年第二届大赛中获金奖 1 项、银奖 1 项、铜奖 4 项，获奖总数居全国高校之首；2006 年承办第五届创业计划大赛并有 3 支队伍进入全国决赛且全部获奖；2010 年，3 支创业团队在第七届大赛中获金奖 2 项、银奖 1 项，金奖获奖总数、获奖作品总数均居全国首位。在全国大学生电子创新设计竞赛中，学校在 2007 年获全国一等奖 5 项、二等奖 8 项（一、二等奖总数列全国高校第 3 位）；2008 年“模拟震区搜救定位的机器人系统”获特等奖并夺得该赛事唯一奖杯——“毕昇杯”；2009 年“开放实验室门禁管理系统”获一等奖；2010 年“自动化立体仓库”获得该赛事唯一的特等奖。

● 培养中国最优秀的本科生

“致力于培养中国最优秀的本科生”，是山东大学面向 21 世纪在人才培养方面提出的目标，也是山东大学面对 21 世纪大学强势竞争以凸显学校特色、强化身份属性的战略选择。

为了实现这一人才培养战略目标，2002 年，学校率先提出学生“三种经历”计划，即学生在读期间需要第二校园经历、海外学习经历或社会实践经历。2008 年，学校在“三种经历”的基础上又提出“三个相跨、四种经历”。所谓“三个相跨”，是指学生可以跨学科、跨学校、跨国境进行学习，而“四种经历”则是指除了第二校园经历、海外学习经历、社会实践经历外，学校更注重在本校学习的经历。正因为如此，学校连续十几年被中宣部、教育部、共青团中央评为“大学生社会实践先进组织单位”。

2004 年，学校在全国高校率先举办暑期学校。以“精品化、国际化、创新型、开放式”为建设目标，当年组织各类教学、培训、创新项目 120 余项，先后参与的学生达 7600 余人。此后，经多年经营和接续努力，山东大学暑期学校每年都有近万名海内外学生参与，内容丰富多彩，富有成效，成为山东大学人才培养的又一个特色和品牌。

“致力于培养中国最优秀的本科生”的人才培养目标得到了国家和社会的充分认可。在 2005 年的教育部本科教学工作水平评估中，以武汉大学党委书记顾海良教授为组长的专家组，对山东大学“文史见长”的办学传统、“致力于培养中国最优秀的本科生”的人才培养目标，积极探索教育教学改革的新途径以及“本科生三种经历”的本科教学改革形成的山东大学特有的人才培养新模式、知识学习体系和人格培养体系等办学特色给予了充分肯定。2006 年，学校成为首批国家大学生创新性实验计划十大试点高校之一，2007 年跻身首批“国家大学生创新性实验计划”正式实施高校，2010 年位列教育部第一批“卓越工程师教育培养计划”高校。

将“培养中国最优秀的本科生”作为人才培养工作的第一使命，学校的思政工作和教学工作也在同向发展中获益。

2006 年 4 月，全国高校辅导员队伍建设工作会议在上海举行，校党委书记朱正昌在会上介绍了山东大学辅导员队伍建设经验，受到国务委员陈至立与教育部有关领导的肯定。2007 年，学校成为首批教育部高校辅导员培训和研修基地之一。2008 年，全国高校辅导员工作研究会在山东大学成立，学校成为研究会会长单位和秘书长单位。2010 年，学校创办《高校辅导员》杂志，为加强高校辅导员队伍建设提供智力支持。

在此过程中，国家级教学名师、国家级教学团队、国家精品课程、国家级双语教学示范课程、国家级实验教学示范中心等“本科教学质量与教学改革工程”可比性指标也都位列全国高校前十。2010 年，山东大学国家精品课程总数量增至 44 门，其中本科国家精品课程总数居全国高校第 8 位。另外，2000 年合校以来，山东大学共有 14 项成果获四年一届的国家级教学成果奖，尤其是在 2009 年组织进行的第六届高等教育国家级教学成果奖评审工作中，学校共有 7 项成果获奖，作为成果第一完成单位的获奖数量列全国高校第 11 位。

● “灯光要始终投向教书育人的教师”

2009 年 3 月，山东大学正式颁布实施《山东大学学术振兴行动计划》，涉及学科建设、师资队伍建设、科研工作、人才培养、国际学术交流合作、学术管理体制和评价制度改革、学术发展保障七方面内容，擘画了学校未来五年的发展蓝图。为贯彻实施学术振兴行动计划，弘扬学校崇尚学术、尊师重教的优良传统，学校于当年 12 月公布《山东大学终身教授遴选管理办法》，建立终身教授制度，规定终身教授是山东大学设立的最高学术岗位，是学校授予学者的最高学术荣誉。

2010 年 4 月 9 日，山东大学举行终身教授聘任仪式。校党委书记朱正昌、校长徐显明出席仪式并为受聘教授颁发聘书，聘任环境研究院王文兴、物理学院王克明、机械工程学院艾兴、哲学与社会发展学院刘大钧、医学院张运、儒学研究中心庞朴、文学与新闻传播学院周来祥、政治学与公共管理学院赵明义、文学与新闻传播学院袁世硕、化学与化工学院钱逸泰、晶体材料研究所蒋民华、数学研究所彭实戈、文学与新闻传播学院曾繁仁、历史文化学院路遥14位先生为学校首批终身教授。

2010年4月9日，山东大学举行终身教授聘任仪式

徐显明在致辞中说，大学如果有舞台的话，舞台上的主角永远是我们的教师；如果舞台上有聚光灯的话，这个灯光要始终投向教书育人的教师。每一所大学都有自己独特的荣誉体系，在山东大学这个荣誉体系里授给老师的最高荣誉就是终身教授。他还指出，山东大学设立终身教授制度是人事制度的一项重大改革，这个制度承载着一项价值，那就是山东大学一定要让那些为学校作出突出贡献的人受到最大的尊重，为年轻教师确立一个方向。

视频《仰望》：刊播于2018年12月25日

2010年9月1日，学校举行第26届教师节庆祝大会。会上授予医学院于修平、物理学院王克明、哲学与社会发展学院刘大钧、材料科学与工程学院邹增大、医学院汪翼、化学与化工学院陈慎豪、化学与化工学院金文睿、物理学院梅良模、文学与新闻传播学院曾繁仁等9位教授“山东大学育才功勋”荣誉称号。

终身教授和育才功勋这两项制度的实施，标志着山东大学教师队伍荣誉体系基础的建立。教师荣誉体系的实施，既为青年教师树立了事业发展的楷模，也充分彰显了山东大学尊师重道的价值观。

● 建世界一流大学

2010 年 8 月，山东大学校级领导班子在威海分校国际学术中心召开暑期读书班暨学校 2010 年暑期工作会议，校党委书记朱正昌、校长徐显明出席并先后主持会议。通过对《国家中长期教育改革和发展规划纲要》的学习贯彻，读书班围绕“国际科研合作中的山大特色与世界水平”“国际人才培养的课程国际化”等专题进行交流研讨，并规划了学校的中长期发展目标。在这次会议上，校领导班子明确提出，经过十年发展，也就是在建校 120 周年时要将学校初步建成世界一流大学。

当年秋季学期开学后，学校要求各单位认真组织学习，贯彻落实威海会议精神。10 月，学校开展“创建世界一流大学”大讨论活动，建立专题网站，召开专题讨论会，在校报开设专栏，引导大家积极参与、广纳群言。各基层党组织通过召开支部大会、支委会等多种方式，组织师生参与大讨论活动，提出意见和建议。社会各界也对人才培养、师资队伍建设、学科建设、管理体制改革以及国际化战略等提出看法，发表建议，以实际行动关心关注山大发展。

2011 年 3 月，教育部、山东省人民政府共建山东大学协议签字仪式在济南市南郊宾馆举行。教育部党组书记、部长袁贵仁，中共山东省委书记、山东省人大常委会主任姜异康，中共山东省委副书记、省长姜大明，中共山东省委常委、青岛市委书记李群等省部有关领导，以及山东大学党委书记朱正昌、校长徐显明共同出席了签字仪式。共建协议的签署，为山东大学发展提供了新的契机，坚定了学校加快建设世界一流大学的信心。

10 月 15 日，山东大学迎来 110 周年校庆。中共中央政治局常委、全国人大常委会委员长吴邦国致信表示祝贺，希望山东大学为社会主义现代化建设作出新的更大贡献。在 110 周年校庆上，山东大学也借机将威海会议的办学目标明确化，即到建校 120 周年时把学校初步建成世界一流大学。

2011 年 10 月 7 日，中心校区新校门暨大成广场落成

110 周年校庆过后，山东大学正式印发《山东大学创建世界一流大学战略规划（2011—2020）》（即“攀越计划”），将之作为学校创建世界一流大学的纲领性文件，并提出“三步走”发展战略：第一步，在“十二五”（2011—2015 年）期间，以条件建设和体制改革为主题，夯实发展基础；第二步，在“十三五”（2016—2020 年）期间，以跨越发展和全面提升为主题，广聚人才、强化优势和特色，使若干重要办学指标接近或达到世界一流水平，

初步建成世界一流大学；第三步，再经过较长时间的努力，到建校 150 周年时，全面建成世界一流大学，在主要学术指标方面进入世界高校 50 强。

作为山东大学改革发展的行动指南，“攀越计划”在接下来的十年为学校的学术振兴行动计划、人才强校战略和教育创新计划等提供了制度遵循，也为学校向世界一流大学办学目标前行抛锚定向、开路引航。

第六章
再启征程
（2012—2024）

党的十八大以来，中国特色社会主义进入新时代。山东大学全面坚持党的领导，紧抓历史契机，厚植齐鲁文化沃土，以“双一流”建设学科为核心，以优势学科为主体，以特色学科、新兴学科、需求学科为支撑，坚定不移探索“中国特色、世界一流、山大风格”的发展道路，并在 2017 年入选国家首批“双一流”A 类建设高校。此一时期，学校实施学术振兴行动计划、攀越计划和强校兴国行动方案，加快实现“由大到强”的历史性转变。2021 年 5 月 9 日，习近平总书记给山东大学《文史哲》编辑部全体编辑人员回信，对办好《文史哲》杂志寄予殷切期望，对包括山东大学教师在内的广大哲学社会科学工作者提出明确要求，充分体现了对山东大学的亲切关怀。在继往开来的历史新起点上，山东大学秉持“强校兴国”的办学初心，以奋进新时代的磅礴之力，勇立时代潮头，勇担时代使命，加快推进“双一流”建设，在民族复兴的伟大征程中继续贡献山大力量。

● 新时代新篇章

2012 年 9 月，山东大学威海分校正式更名为山东大学（威海），2013 年 1 月教育部批复同意《山东大学青岛校区规划建设方案》，山东大学自此形成了“一校三地”的办学格局。

其实，合校之后尤其是“211工程”“985工程”顺利实施以来，山东大学的综合办学水平和人才培养质量稳步提升，国际影响力显著增强，学校开始探索属于山大风格的办学模式。2009年9月，学校决定恢复在青岛办学，并成立山东大学青岛校区筹建工作领导小组。到2010年4月，学校在编制《山东大学“十二五”基本建设规划（草案）》时提出建立济南、威海、青岛“一校三地”的办学模式。2012年3月，山东大学举行青岛校区建设奠基典礼，中共中央政治局委员、国务委员刘延东专门致电视贺，希望学校通过青岛校区建设为中国高等教育办学模式改革作出示范性贡献。校长徐显明则在致辞中表示，山东大学正致力于做好“天大的事”和“地大的事”，其中“地大的事”就是建设山东大学青岛校区，构建“统分结合、优势互补、各具特色、一体发展”的山东大学系统。

在2017年新学期工作会议上，校党委书记郭新立着意强调“一校三地”办学的格局，是山东大学创建世界一流大学的

山东大学青岛校区全面启用暨2017年新生开学典礼隆重举行

最大优势所在。9月28日，学校隆重举行青岛校区全面启用暨2017年新生开学典礼，校长樊丽明在典礼仪式上指出，青岛校区的全面启用标志着山大与青岛再次奏响名城与名校琴瑟共鸣的华美乐章，是青岛校区打造山东大学“双一流”建设新引擎的重要开端。至此，山东大学在济南、威海、青岛三地办学的格局正式形成。

威海校区目前有12个学院和1个教学部，形成了培养博士生、硕士生、本科生等多层次的教育体系。威海校区在“山东大学系统”中的定位，实际上也经历了探索定型。早在2011年2月，山东大学即与威海市人民政府签署《“十二五”期间共建山东大学威海分校协议书》，指出在构建“山东大学系统”进程中，将把威海分校纳入长远战略规划予以统筹安排，重点支持“天、海、韩”特色学科及其他优势学科，争取用五到十年时间，使之成为特色突出、优势明显的高水平校区。在2012年将威海校区纳入一体化发展战略之后，2016年12月，学校又发布《山东大学（威海）事业发展“十三五”规划》，提出坚持“一项计划、两大战略、三型校区”的发展规划，即实施“学术提升计划”，坚持“特色立校”战略和“人才强校”战略，建设“面向亚太合作的开放型校区、培养应用型人才的特色型校区、推动地方经济社会发展的动力型校区”。

青岛校区地处青岛市即墨区“蓝色硅谷”核心区，校园规划总用地3000亩，目前入驻8个学院和10余家科研机构。根据规划，青岛校区在“山东大学系统”中被定位为高端科技创新基地，学科设置以理工为主，辅之以其他必要学科，学科建设以增量为主，校区发展目标是山东大学在青岛设置的引领学术前沿的创新型校区、全面开放办学的国际化校区和深化综合改革的示范性校区，力争成为“山东大学新百年的新起点”和“创建世界一流大学的新基础”。

● 打造“国家的宝贝”

2017年4月21日，时任国务院总理李克强来山东大学视察，在校党委书记李守信、校长张荣陪同下专门考察了晶体材料国家重点实验室。时任晶体材料研究所所长、实验室主任陶绪堂教授向总理汇报说，实验室重点研究功能晶体制备及应用，成功生长出全球最大的KDP晶体，应用于超级激光器项目“神光工程”。当听闻学校将晶体材料实验室称为“山大的宝贝”时，李克强格外强调指出：“你们这个实验室不仅是山大的宝贝，也是国家的宝贝。”

中国特色社会主义进入新时代，山东大学深化科研体制机制改革，加强创新平台建设，推进各创新主体、创新要素的高效集成协同，力争打造更多的“山大的宝贝”“山东的宝贝”乃至“国家的宝贝”。

新时代以来，学校加强“从0到1”前沿基础研究和关键技术创新，在

▲ 综合材料《不忘初心 共筑明天》，董晓丽 绘

自然科学方面聚力原始突破。彭实戈院士团队开创“倒向随机微分方程”新领域，创立了国际公认的“非线性期望”中国学派；王小云院士团队牵头制定国际密码算法标准（SM3），为国家航天重大工程专门设计加密算法，构建国际密码中国话语权；李术才院士团队在重大地下工程建设方面的突涌水定量预报技术实现原始突破，研究成果广泛应用于成兰铁路等全国200余个重大工程，获国家科学技术奖4项；陈子江院士团队证实冷冻单囊胚移植可提高单胎活产率，奠定了我国在生殖领域的国际领先地位，这一发现入选“2019年度中国医学重大进展”；张承慧教授团队攻克新能源安全高效大规模应用的关键技术难关，获国家科技进步奖二等奖2项；齐鲁医院团队揭示心血管重构发生和发展的分子机制，研究成果获国家自然科学奖二等奖；生物技术国家重点实验室团队首创“Red/ET DNA重组技术”，突破微生物关键技术，用于开展天然活性产物和靶向药物研究。

新时代以来，学校还勇于破解关键核心技术领域的瓶颈问题，发挥学科协同优势，攻克一批“卡脖子”关键技术。徐现刚教授团队在8英寸导电型碳化硅（SiC）单晶衬底制备技术领域取得重要进展，突破国外技术封锁，保障了关键领域发展急需；冯圣玉教授团队破解了国内40多年来一直没有解决的氟硅橡胶技术难题、国内30多年来一直没有解决的乙基硅橡胶技术难题等，打破国外技术垄断，产品广泛应用于大飞机、神舟飞船等极端关键应用领域；控制理论与应用创新团队研发高性能集中式和分布式全功率等级光伏发电系统，为推动我国光伏行业技术进步和产业升级作出了重要贡献，获国家科技进步奖二等奖2项；国家胶体材料工程技术研究中心研发的耐高温氧化铝纤维材料打破西方技术封锁，产品应用到重大国防工程；晶体材料研究所自主研发的大尺寸、高质量KDP/

DKDP 晶体，成为“神光工程”使用的唯一非线性光学材料。

● “让世界更好认识中国、了解中国”

2021 年 5 月 9 日，习近平总书记在《文史哲》创刊 70 周年之际给《文史哲》编辑部全体编辑人员回信，对办好哲学社会科学期刊提出殷切期望。习近平在回信中指出：“增强做中国人的骨气和底气，让世界更好认识中国、了解中国，需要深入理解中华文明，从历史和现实、理论和实践相结合的角度深入阐释如何更好坚持中国道路、弘扬中国精神、凝聚中国力量。”

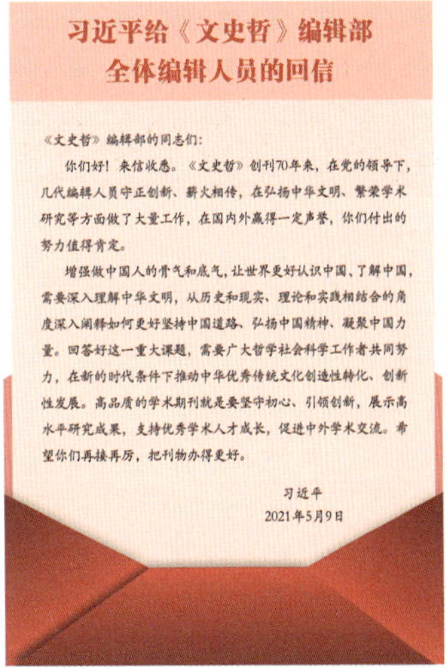

习近平给《文史哲》编辑部全体编辑人员的回信

《文史哲》编辑部的同志们：

你们好！来信收悉。《文史哲》创刊70年来，在党的领导下，几代编辑人员守正创新、薪火相传，在弘扬中华文明、繁荣学术研究等方面做了大量工作，在国内外赢得一定声誉，你们付出的努力值得肯定。

增强做中国人的骨气和底气，让世界更好认识中国、了解中国，需要深入理解中华文明，从历史和现实、理论和实践相结合的角度深入阐释如何更好坚持中国道路、弘扬中国精神、凝聚中国力量。回答好这一重大课题，需要广大哲学社会科学工作者共同努力，在新的时代条件下推动中华优秀传统文化创造性转化、创新性发展。高品质的学术期刊就是要坚守初心、引领创新，展示高水平研究成果，支持优秀学术人才成长，促进中外学术交流。希望你们再接再厉，把刊物办得更好。

习近平

2021年5月9日

习近平总书记给《文史哲》编辑部全体编辑人员的回信

新时代以来，山东大学加强顶层设计，以制度建设为抓手，2014 年制定《山东大学繁荣哲学社会科学行动方案（2014—2020）》，2019 年出台《山东大学关于加快推进人文社会科学发展的若干意见》，旨在系统推动人文社会科学发展振兴，培育造就中国特色哲学社会科学“山大学派”，为构建中国特色哲学社会科学的学科体系、学术体系、话语体系并“让世界更好认识中国、了解中国”作出山大贡献。

2015 年 8 月 23—29 日，由山东大学承

2015 年 8 月 23 日第 22 届国际历史科学大会在山东济南开幕

办的第 22 届国际历史科学大会于济南顺利召开，中共中央政治局委员、国务院副总理刘延东出席开幕式，宣读习近平主席贺信并致辞。这是国际历史科学大会 115 年以来首次走出西方发达国家，第一次在亚非拉地区举办，来自 76 个国家和地区的 2077 位学者参会，参会国家（地区）数量、发展中国家历史学家和青年历史学者参会人数均创历史新高。大会以“历史，我们共同的过去和未来”为主旨，举办“全球视野下的中国”等主题会议、专题会议、圆桌讨论、国际史学组织会议、山东省六地市卫星会议、全国历史学教指委及系主任联席会议、历史学博士后会议等各类会议共计 185 场，规模为历史之最。大会首度设立两大奖项，分别是“国际历史学会 - 积家历史奖”和“山东大学 - 国际历史学会优秀青年历史学家奖”，由此在国际历史科学大会发展历史上镌刻了山大印记。

2018 年 12 月，文化和旅游部、教育部联合发函，正式将“全球汉籍合璧工程”作为国家重点文化工程列入“中华古籍保护计划”，同时通过了《“全球汉籍合璧

视频《让中华典籍回家》：刊播于 2018 年 11 月 7 日

工程”实施方案》，聘山东大学讲席教授郑杰文任工程首席专家。“全球汉籍合璧工程”是将存藏于世界各地的中华古籍进行搜集、整合和研究的一项国家重点文化工程，旨在将境外所藏中华古籍资源予以调查摸底，兼顾收集其他中华古文献相关信息，对这些中华古籍进行遴选，并以数字化、缩微复制、摄影扫描等多种方式实现再生性回引，从而完善中华古文献存藏体系，为国内文化建设和国际文化交流提供文献支持。为此，山东大学作为工程主体责任单位成立了国际汉学研究中心，并在全球范围内组建合璧工程暨汉学合作研究团队，集合一批海内外著名古典学者，力求打造一个开放的多元研究平台。

此外，山东大学还连续多年参办世界儒学大会和尼山世界文明论坛等高规格文化盛会，承办首届亚洲文明对话分论坛，举办儒学全球论坛、国际中共学论坛、东亚易学国际学术研讨会，助推《文史哲》英文版入选全球最大的摘要和引文数据库“Scopus”，建立 8 家孔子学院，开设 13 个孔子课堂，推进“孔子新汉学计划”并建立全国高校首家孔子学院研究中心，力争通过学术和文化交流展现中国形象，让世界更好认识中国、了解中国。

● 建设传承创新中华优秀传统文化最具代表性大学

党的十八大以来，习近平总书记就推动中华优秀传统文化创造性转化、创新性发展提出一系列新思想新观点新论断，多次强调中华优秀传统文化是中华民族的突出优势，必须结合新的时代条件加以传承和弘扬。在党的二十大报告中，习近平总书记提出“两个结合”的重要论述，即把马克思主义基本原理同中国具体实际相结合、同中华优秀传统文化相结合。近年来，山东大学勇担文化使命，服务文化强国战略，明确提出“建设传承创新中华优秀传统文化最具代表性大学”的目标。

山东大学这一文化建设目标的设定，不仅因为其有“文史见长”的历史传统，还因为其有学科整合与发展的现实之需。早在2012年，山东大学就将儒学高等研究院、儒学研究中心、文史哲研究院和《文史哲》编辑部整合组建为山东大学儒学高等研究院（文史哲研究院），作为学校直属的独立科研实体。自建院以来，儒学高等研究院始终以传承创新以儒学为代表的中华优秀传统文化为宗旨，以建设中国古典学术重镇和世界儒学研究中心为己任，发展至今已成为国内规模最大的国学研究机构，受到国内外学术界的高度关注。2019年9月，教育部正式发文，山东大学申报的“儒家文明省部共建协同创新中心”获批建设，同年11月中心又被确定为教育部与山东省人民政府共建的尼山世界儒学中心山东大学分中心常设运行机构。

山东大学注重推动中华优秀传统文化与世界文明的交流互鉴，由阐释世界而叙述中国，借叙述中国来展示山大。中华文明探源方面，考古学科依托环境与社会考古学国际合作联合实验室等平台开展发掘保护工作，山东章丘焦家遗址入选“全国十大考古新发现”和“中国六大考古新发现”，“许昌人”头骨化石研究成果入选“中国科学十大进展”，河南灵井鸟雕像化石发掘入选“世界十大考古新发现”；古史古籍整理方面，中文学科发挥传统学术优势，获批国家社科基金特别委托项目“《永乐大典》存卷综合整理研究”，而且该项目也被列入国家“十四五”规划纲要。2022年9月，山东大学联合承办的第八届尼山世界文明论坛在山东曲阜举行，来自国内外的数百名专家学者围绕“人类文明多样性与人类共同价值”主题展开深入交流。山东大学校长李术才出席论坛开幕式并在“尼山中外名校校长论坛”上作主旨报告，指出各高校应坚持国际化办学，深化国际交流与合作，推进国际沟通与理解，积极在构建人类命运共同体进程中发挥更大作用。

山东大学还积极凝练优秀文化成果，大力打造校园文化精品，促成“校园文化”向“文化校园”的实质转变。教育部全国高校“礼敬中华优秀传统文化”系列活动开展以来，学校“中华文化体验与教育活动”“传播文学经典 传承中华文脉——山东大学文学生活馆的实践与探索”曾先后获得首届和第二届示范项目、特色展示项目，《为国育贤守初心 士以弘道布德泽——基于齐鲁文化弘扬的“大师大爱”系列教育活动》和《传承红色校史 厚植家国情怀》分获第五届和第六届特色展示项目。继续教育学院和儒学高等研究院共建成立的中华美德教育学院，旨在促进传统文化教育与社会主义核心价值观培育深度融合，打造干部政德培训基地、企业家商德培训基地和在校师生美德培训基地三大培训基地并形成品牌。校团委组建的“舜歌合唱团”继承发扬传统文化精粹，融入现代元素创新音乐风格，塑造了繁荣发展社会主义文艺的合唱品牌。校博物馆《百年学府 文韵齐鲁——山东大学博物馆基本陈列》获 2021 年度全国博物馆十大陈列展览精品优胜奖。

山东大学在“文史见长”的历史传统滋养下，厚植齐鲁文明沃土，坚定文化自信，聚焦文化引领，致力于推动中华优秀传统文化创造性转化和创新性发展并打造高校传统文化建设新样板，从而助推“传承创新中华优秀传统文化最具代表性大学”这一目标早日实现。

● 赓续百廿辉煌

2021 年，山东大学迎来百廿华诞。10 月 15 日，学校在中心校区体育场举行庆祝建校 120 周年大会，国家部委、山东省及有关地市领导，友好

山东大学 120 周年校庆标识

时任山东省委书记李干杰（居中），时任山东省委副书记、代省长周乃翔（左二），教育部副部长翁铁慧（右二），山东大学党委书记郭新立（右一），山东大学校长樊丽明（左一）共同出席教育部、山东省继续重点共建山东大学启动仪式

高校、战略合作单位嘉宾，海内外校友，捐赠嘉宾，社会各界人士，山东大学现任校领导、老领导、杰出学者代表、师生医务员工代表等 3000 余人现场参加大会。

山东省委书记、省人大常委会党组书记李干杰在出席大会时指出，120 年来，山东大学始终秉承“为天下储人才，为国家图富强”宗旨，形成了大批优势学科，取得了丰硕科研成果，涌现出众多杰出校友，为国家发展和社会进步作出积极贡献。2021 年 5 月，习近平总书记给山东大学《文史哲》编辑部全体编辑人员回信，充分体现了总书记对山东大学的亲切关怀，让我们备受鼓舞、倍感振奋。他表示，省委、省政府将一如既往、全力支持山东大学，努力为学校发展创造更好条件、提供更优服务、营造更佳环境。教育部党组成员、副部长翁铁慧指出，山东大学要将习近平新时代中国特色社会主义思想作为推动学校发展的根本遵循，在建设中国特色世界一流大学的征程上迈出更加坚实的步伐。她希望山东大学要始终把服务国家战略需求摆在首位，提升原始创新和基础研究能力，不断向科学技术广度、深度进军，力争在突破“卡脖子”关键核心技术和解决重大社会现实问题等方面形成更多成果，在传承弘扬中华优秀传统文化、开拓治国理政新领域新方向上作出创新性、先导性的贡献。

校庆筹备期间，原党和国家领导人吴官正、刘延东、陈至立、郝建秀等以各种方式祝贺山东大学建校120周年。校庆前夕，180多所海内外高校向山东大学发来贺信，高度评价学校辉煌历程和办学成就。百廿校庆大会通过山东卫视进行直播，同时在人民日报客户端、人民网、新华社客户端、新华网客户端、央视频等平台线上直播，在海内外引起较好反响。

百廿校庆的顺利举办，既是对学校教育事业的全面梳理，也是对新时代以来山东大学发展成就的集中展现。

学科建设方面，自2017年9月被列为世界一流大学A类建设高校以来，山东大学充分发挥一校三地办学优势，大力实施“学科高峰计划”“学科激

为百廿校庆所排演的《为国育贤》音乐舞蹈晚会现场

励计划”“学科整合调整计划”，推动结构合理、特色鲜明、优势突出、文理工医协调发展学科体系的建设。“金融数学”引领世界前沿，非线性期望前沿科学中心入选教育部“珠峰计划”培育行列；“科技考古”形成国际比较优势，获批教育部环境与社会考古国际合作联合实验室；“数据科学”打造新特色，山东应用数学中心入选国家应用数学中心首批建设名单；“能源系统控制”形成新优势，获批新能源与高效节能国家地方联合工程研究中心；“人工智能”探索国际合作新模式，与南洋理工大学共建人工智能国际联合研究院；“医学 +”和“健康医疗大数据”稳步推进，牵头建设国家健康医疗大数据研究院。

学生培养方面，2017 年学校通过教育部本科教学工作审核评估，育人特色和优势得到专家组高度认可。2019 年，学校 30 个本科专业入选国家级一流本科专业建设点，2020 年 28 个专业入选国家级一流本科专业建设点，2021 年又有 16 个专业入选国家级一流本科专业建设点。此外，学校还探索实验拔尖创新人才培养模式，成功入选教育部实施的首批基础学科拔尖学生培养实验计划和“卓越工程师计划”试点，理科的泰山学堂、文科的尼山学堂、医科的齐鲁医学堂、工科的崇新学堂成为学校拔尖人才培养的创新品牌。

人才队伍建设方面，学校构建“顶尖人才—领军人才—青年人才—后备人才”的人才成长体系，全面实施人才强校战略。2017 年，密码技术与信息安全教育部重点实验室主任王小云教授当选为中国科学院院士，2019 年临床医学院陈子江教授和土建与水利学院李术才教授分别当选为中国科学院院士和中国工程院院士，陈子江、李术才、陈宝权、周传恩等教授担任国家“973”项目首席科学家。

重大科学奖励和荣誉方面更是硕果累累。自然科学研究方面，2012 年程林教授获山东省科学技术最高奖，陈子江教授获何梁何利基金科学与技术进步奖；2013 年，张运院士当选欧洲心脏病学会（ESC）会员；2014 年，刘建亚教授获国家自然科学奖二等奖，李术才教授获国家科技进步奖二等奖，王文兴院士获光华工程科技奖“工程奖”，郝京诚教授获第三届中国化学会 - 阿克苏诺贝尔化学奖；2015 年，陈增敬教授独立荣获国家自然科学奖二等奖，李术才教授和陈子江教授分获山东省科学技术最高奖；2016 年，张承慧教授和陈阿莲教授获国家科技进步奖二等奖；2017 年，彭实戈院士获全国创新争先奖，张运院士获中华医学会终身成就奖；2018 年，张澄教授获国家自然科学奖二等奖；2019 年，王小云院士获未来科学大奖“数学与计算机科学奖”；2020 年，李术才院士获国家技术发明奖二等奖，张承慧教授获国家科技进步奖二等奖，彭实戈院士获未来科学大奖“数学与计算机科学奖”，李术才院士和陈子江院士同获第二届全国创新争先奖；2021 年，陈子江院士和王小云院士分别当选为发展中国家科学院院士，张承慧教授获何梁何利基金科技进步奖。

视频《为国育贤：山大人》：刊播于 2023 年 2 月 6 日

人文社科方面，2012 年，张金光教授所著《战国秦社会经济形态新探——官社经济体制模式研究》

和张宏教授所著《全球价值链视角下新时期我国对外直接投资的机遇、挑战与对策》同时入选《国家哲学社会科学成果文库》；2014年，方辉教授等所著《鲁东南沿海地区系统考古调查》和臧旭恒教授所著《转型时期消费需求升级与产业发展研究》分获中国高校人文社会科学研究优秀成果一等奖，高鉴国教授所著《中国慈善捐赠机制研究》和范学辉教授所著《宋代三衙管军制度研究》同时入选《国家哲学社会科学成果文库》；2015年，顾銮斋教授所著《中西中古税制比较研究》、林聚任教授所著《西方社会建构论思潮研究》、王凤荣教授所著《政府竞争视角下的企业并购与产业整合研究》同时入选《国家哲学社会科学成果文库》；2017年，萧涤非先生主编、张忠纲教授终审统稿的《杜甫全集校注》获首届宋云彬古籍整理奖·图书奖；2018年，郑杰文教授主编的《中国经学学术编年》获第三届全球华人国学成果奖，王芬教授主持的山东章丘焦家遗址发掘入选“全国十大考古新发现”并获中国田野考古奖；2019年，曾繁仁教授所著《中国美育思想通史》（全9卷）获中国高校人文社会科学研究优秀成果一等奖，刘大钧教授获汤用彤国学奖；2020年，王学典教授主编的《20世纪中国史学编年》和杜泽逊教授主编的《尚书注疏汇校》同获第四届全球华人国学成果奖。

正如校党委书记郭新立在主持庆祝大会时所言，百廿恰是风华正茂，百廿矢志强校兴国。百廿校庆的举办，正值山东大学推进“由大到强”历史性转变之际，此时山东大学经新时代以来的赓续发展，深刻领会“扎根中国大地办大学”的精神实质，积极探索“中国特色、世界一流、山大风格”的发展道路，精心培育“山大学派”，凝练形成服务社会的“山大系”品牌，比历史上任何时期都更接近、更有信心和能力实现世界一流大学的建设目标！

再谱时代华章

2024年6月28日，中国共产党山东大学第十五次党员代表大会在中心校区隆重开幕。山东大学党委书记任友群同志代表中国共产党山东大学第十四届委员会作了题为《勇担使命 敢闯敢创 全面图强 为加快建设担当民族复兴大任的世界一流大学而团结奋斗》的报告，校长李术才同志主持开幕会。本次大会的主题是：高举习近平新时代中国特色社会主义思想伟大旗帜，深入贯彻习近平总书记关于教育的重要论述和重要回信精神，勇担教育强国时代使命，聚焦服务中国式现代化，进一步全面深化改革，解放思想、敢闯敢创，踔厉奋发、全面图强，为加快建设担当民族复兴大任的世界一流大学而团结奋斗。

中国共产党山东大学第十五次党员代表大会开幕式

报告指出，第十四次党代会以来的发展历程极不平凡，全体山大人追求卓越、只争朝夕，学校综合实力快速增强，各项事业昂扬迈上新台阶：党的领导和党的建设全面加强，人才培养能力显著提升，队伍建设奋起勃发，学科水平再攀新高，科学研究成果丰硕，社会服务贡献突出，文化引领担当有为，对外合作交流纵深拓展，治理现代化扎实推进，条件建设和民生保障坚实有力。

报告强调，未来五年是建设担当民族复兴大任的世界一流大学的关键时期，主要目标是加快推进“以质图强”的系统性变革，加速实现“全面图强”的整体性跃升，高质量发展取得重大标志性成果，建成一批能够让国家首先想到山大的学科领域，拔尖创新人才自主培养能力显著增强，高层次人才、国家级重大平台翻番，学术核心竞争力与国际影响力大幅提升，学校整体实力接近世界一流大学水平，成为教育强国建设的战略重镇和现代化强省建设的中坚力量。

报告鲜明提出了“一五七九”的发展思路，即锚定建设担当民族复兴大任的世界一流大学这一奋斗目标；加快打造培养集聚拔尖创新人才的人才高地、支撑高水平科技自立自强的科创高地、引领中华优秀传统文化“两创”的文化高地、助力国家和区域高质量发展的社会服务高地、推动高水平对外合作交流的开放高地；深入推进人才强校战略、学术兴校战略、文化引领战略、国际化战略，迭代实施服务国家战略、学科现代化战略、融合发展战略；坚定不移落实全面图强“九大任务”：一是要认真落实立德树人根本任务，提升铸魂育人实效，办好一流本科教育，发展卓越研究生教育，创新人才培养模式，构筑学在山大、快乐成长的特色育人体系。二是要深入推进人才强校核心战略，加强思想政治引领，引育一流师资队伍，培厚成长成才沃土，建设海纳百川、群星璀璨的人才集聚高地。三是要把学科建设作为学校发展的根基，完善学科空间布局，推进学科现代化，建设一流学科群体，光大山大齐鲁医学品牌，打造卓越引领、百舸争先的一流学科方阵。四是要聚力支撑高水平科技自立自强，强化战略性谋划布局，打造体系化平台矩阵，构建高效能创新生态，锻造顶天立地、集智攻关的战略科技力量。五是要扛起新时代新的文化使命，当好文化“两创”排头兵，提升自主知识体系贡献度，弘扬新时代山大文化，争当传承创新、斯文在兹的时代文化典范。六是要扎根中国大地办大学，完善服务国家战略布局，助力中国式现代化山东实践，推进政产学研深度融合，勇做厚植齐鲁、辐射全国的社会服务先锋。七是要实施更加积极的国际化战略，拓展全球伙伴网络，提升师生全球胜任力，深化全球科研合作，构建胸怀天下、融通中外的全球山大格局。八是要进一步解放思想，全面深化改革，持续创新融合发展体制机制，持续提升治理效能，持续改善办学条件，持续增进民生福祉，夯实高质量发展的体制保障和条件支撑。九是必须纵深推进新时代党的建设新的伟大工程，筑牢党的领导的坚强阵地，以党的创新理论凝心铸魂，建设堪当重任的干部队伍，锻造坚强有力的基层堡垒，巩固风清气正的政治生态，以高质量党建引领中国特色世界一流大学建设。

本次大会还规划了建设担当民族复兴大任的世界一流大学的“两步走”发展战略：到 2035 年、建校 135 周年前后，学校整体实力跻身世界一流大学行列，一批学科进入世界一流前列，若干学科达到世界顶尖水平，为建成教育强国、科技强国、人才强国作出重要贡献；到本世纪中叶、建校 150 周年前后，学校整体实力进入世界一流大学前列，一批学科达到世界顶尖水平，为全面建成社会主义现代化强国、实现中华民族伟大复兴作出卓越贡献。

新征程薪火相继，向未来再铸辉煌。中国共产党山东大学第十五次党员代表大会，是在中国式现代化开启新征程、教育强国建设吹响新号角、学校事业发展迈上新起点的关键时刻召开的一次十分重要的会议。山东大学将以此为契机，抢抓机遇，全面图强，加快建设担当民族复兴大任的世界一流大学，奋力在探索中国特色世界一流大学建设新路、构建卓越引领的高等教育体系上走在前列，在培育新质生产力、支撑高质量发展上走在前列，在应对人类共同挑战、促进文明交流互鉴上走在前列，不断谱写“强国建设、山大有为”的精彩篇章，为以中国式现代化全面推进强国建设、民族复兴伟业作出新的山大贡献！

中篇
名家荟萃 英华蕴聚

山东大学之所以蜚声中外，不仅在于历史悠久，底蕴深厚，还在于人才济济，名家辈出。120 多年来，一代又一代山大人责任在肩，薪火相传，砥砺前行，将个人理想与追求和国家需要紧密结合，始终走在民族复兴和时代潮流的前列，在伟大复兴路上展现山大形象、镌刻山大印记、描绘山大画卷。山大的历史篇章由一代代山大人接续写就，山大的精神文化系一代代山大人共同铸成，山大的灿烂未来仍须全体山大人携手共赴。

第七章
治校先贤

在120多年一体多源的山大发展史上，仅山东大学一校的历任校长迄今就有31位，新中国成立后还有12位党委书记先后就任。[1]他们有的心怀“国之大者”、倡导强校兴国；有的学贯中西、勇开风气之先；有的心系民族、弘扬家国情怀。作为一校之长，他们成为指引学校不同时期发展的一座座灯塔，照亮了山东大学万千学子的人生进向。本章择取1901年

[1]1901年山东大学堂筹建，总办行使校长职权，由唐绍仪、周学熙、方燕年先后担任；1904年，山东大学堂改称山东高等学堂，总办改称监督，陈恩焘、萧应椿、陈庆和、周学渊、魏业锐、陈恩畲、李豫同、李联璧先后担任该职；1911年，山东高等学堂改称山东高等学校，监督改称校长，范之杰、黄国恩、丁惟椽、孔祥柯先后担任该职；1926年，省立山东大学成立，王寿彭担任校长；1930年，省立山东大学迁至青岛并更名为国立青岛大学，杨振声担任校长；1932年，国立青岛大学更名为国立山东大学，赵太侔于1932—1936年和1946—1949年两度担任校长，林济青于1936—1938年担任代理校长；1949年新中国成立后，华岗（1951—1955年）、晁哲甫（1956—1958年）、成仿吾（1958—1974年）、吴富恒（1979—1984年）、邓从豪（1984—1986年）、潘承洞（1986—1997年）、曾繁仁（1998—2000年）先后担任校长；2000年山东大学、山东医科大学、山东工业大学合并组建新的山东大学后，展涛（2000—2008年）、徐显明（2008—2013年）、张荣（2013—2017年）、樊丽明（2017—2022年）、李术才（2022年至今）先后担任校长。

新中国成立后，山东大学历任党委书记分别是：华岗（1950—1955年）、晁哲甫（1956—1958年）、成仿吾（1958—1964年）、孙汉卿（1978—1983年）、徐豫龙（1986—1988年）、陈之安（1988—1995年）、曾繁仁（1995—1998年）、张乐岭（1998—2000年）、朱正昌（2000—2002年、2005—2011年）、邵桂芳（2002—2005年）、李守信（2011—2017年）、郭新立（2017—2024年）、任友群（2024年至今）。

建校到 1958 年迁校济南期间主政校务的部分先贤，以展现山东大学治校名家的群体形象。

周学熙

● "北国工业巨子"——周学熙

周学熙（1866—1947），字缉之，号止庵，安徽至德（今属东至县）人，出生于一个显宦之家，其父周馥曾任山东巡抚、两江总督、两广总督等要职。1872 年，年仅 6 岁的周学熙随父亲从南京移居天津，并在这里读书长大。1883 年，周学熙考中举人，此后又多次参加会试，但均未能榜上有名，屡试不第之下决定放弃科举正途，涉足实业以求救国。1898 年，32 岁的周学熙担任开平矿务局总办。

1900 年，周学熙转任山东候补道员，投入袁世凯幕府，被袁世凯委以重任，和唐绍仪、登州文会馆馆主赫士等人筹办山东大学堂，并因全程参与筹办且亲历大学堂顺利开校而成为山大第一任校长。

唐绍仪自幼远涉重洋，通晓英语，精通西学知识，而周学熙在筹办大学堂之前就在天津践行"实业救国"的人生理想，所以两名总办在规划建设大学堂时尤其强调新学、实学的重要性。因而，大学堂备斋除开设中国经史掌故外，还"授以外国语言文字、史志、地舆、算术各种浅近之学”，其中正斋分政、艺两门，授“普通学”，中外史学、中国治法学、算学、天文学、地质学、测量学、格物学、化学、生物学、译学、方言学、矿学、医学等各实学皆囊括于内。而且，这种按照“学科性质”的分科特征，有论者认为其“透漏出中西学对立的观点似有逐渐消融的趋势”[1]，也从根源上赋予了山东大学开放包容、中西融合的精神内涵。

1902 年，周学熙的父亲周馥接替袁世凯充任山东巡抚。周学熙按照惯例需回避，于是转任直隶候补，7 月经直隶总督袁世凯委派总办银元局，自此在天津重新实践“实业救国”道路。经多年经营，周学熙以天津为基地，涉足煤炭、建材、纺织、五金、交电、机械、金融等多种行业，打造了以北洋滦州官矿有限公司、启新洋灰公司和唐山华新纺织厂为核心的资本集团，掌握着公路、铁路和运河运输主动权，奠定了京津唐地区近代工业的基础。

周学熙还创办高等工业学堂和实习工场，积极培养现代工业人才；劝导地方绅商投身兴办实业的历史潮流，成为民营企业家的楷模。为此，在晚清实业界，周学熙与在南方创办实业的张謇齐名，素有“南张北周”之说，而周学熙则被赞誉为“北国工业巨子”。

● 状元校长——王寿彭

王寿彭（1874—1929），字次篯，山东潍县（今潍坊）人，1902 年乡试中举，1903 年连捷进士，以第三十七名贡士参加癸卯恩科殿试并中第一甲第一名，亦即“头名状元”。有清一代，从 1646 年（顺治三年）开科取士，到 1905 年（光绪三十一年）科举落幕，在历时 259 年的科举考试中，

[1] 刘龙心：《学科体制与近代中国史学的建立》，罗志田主编：《20 世纪的中国：学术与社会·史学卷（下）》，山东人民出版社 2001 年版，第 472 页。

王寿彭

山东只出过傅以渐、邓钟岳、孙如瑾、孙毓桂、曹鸿勋和王寿彭六名状元。其中，聊城的傅以渐是清朝开国第一名状元，王寿彭则是山东最后一名状元。

1905 年，王寿彭随载泽、徐世昌、端方等“五大臣”赴日考察，归国后写成《考察录》一书，记录了日本的政治、实业及教育现状。1910 年，王寿彭出任湖北省提学使兼布政使，任内创办“两湖优级师范学堂”，创立预算制度，提倡办学经费专款专用，为全国之首创。辛亥革命后，王寿彭先后在山东都督府和北京大总统府工作，1925 年受山东省省长张宗昌之邀出任山东省教育厅厅长。

1926 年，山东公立农、工、矿、医、法、商六所专门学校组建为省立山东大学，王寿彭兼任校长。虽然在任仅有一年，但王寿彭还是在山东大学历史上留下了印记。

首先，学校增设文科，这开启了山东大学此后重视文理并成为综合性大学的办学路向。如新设的文学院下有中国哲学、国文学两系，原有的法学院设法律、政治经济和商学三系，这为山东大学向综合性大学发展奠定了学科基础、预设了发展路径。

其次，开民主治校的风气。在学校一级设立评议会，由校长、院长、系主任和推选的教授参加，定期研究学校各项重大问题。同样，在学院和学系也分设教务会议和教授会，行使相似的权力。

最后，王寿彭与季羡林还给山东大学留下了一段让后人津津乐道的学林佳话。1996 年山东大学 95 周年校庆时，季羡林先生莅临会议，并在致辞中说："我是回母校来表达一个学子心情的，我是山大的一个老学生。"

原来，季羡林先生于 1926 年考入省立山东大学附设中学，在求学中有幸结识校长王寿彭。在考试得了第一名之后，王寿彭亲自给季羡林题写一幅扇面，抄录清代诗人厉鹗的一篇诗作，落款为"羡林老弟正，王寿彭"。当时季羡林才十五岁，看到作为教育厅厅长兼校长的王寿彭如此平易近人，内心受到极大触动，"从此认真注意考试名次，不再掉以轻心"，"考了四个甲等第一"。季羡林先生后来还追忆道："王状元表彰学生可能完全出于偶然性，他万万不会想到，一个被他称为老弟的十五岁的大孩子，竟由于这个偶然事件而改变为另一个人。我永远不会忘记王寿彭老先生。""没有山东大学，没有王校长，就没有我季某的今天。"

"兼容并包、学术民主"——杨振声

杨振声（1890—1956），字今甫、金甫，笔名希声，山东蓬莱人。1919 年毕业于北京大学国文系，1920 年考取官费留学美国哥伦比亚大学获文学博士学位，后又转入哈佛大学研读教育心理学。1924 年回国后曾在国内多所名校任教，1928 年任清华大学文学院院长兼中文系主任。

1930 年 5 月，杨振声在蔡元培推荐下被南京国民政府任命为国立青岛大学校长。此时杨振声将近不惑之年，拥有北京大学和哥伦比亚大学、哈佛大学的教育背景以及武昌大学、燕京大学、中山大学、清华大学的从教

杨振声

经历，这为他在国立青岛大学一展教育抱负打下了基础。

杨振声甫一上任，就面临如何定位国立青岛大学发展方向的问题。如何在“文化边城”招徕人才、突出特色，并在全国高教界占据一席之地，这是对一校之长的最大考验。杨振声上任之后，就对山东尤其是青岛的地理环境、自然资源和古迹文献有过一番摸底和考察，提出除了研究考古学、哲学、文学这一“基础和使命”外，还应开设海洋生物学、海洋学和气象学，指出“国立青大则将为海边生物学之中心点”。这种学科规划上的远见卓识，为山大后来赢得了“海洋学科远东第一”“生物学科全国最好”的美誉。

在主持学校工作中，杨振声把规章制度的制定和落实视为学校的一项根本工作，主张推动学校的制度化建设。他认为，“一个机关必须纪律化。一切规程，使其简而易守，然后大家循序而善行之，则学校事务，化复杂为简单，治纷乱以条理”，这样才能“专心一致于学术上之建设，蔚然成为整肃庄严之学府”。学校不仅建立了校务委员会、院务会议、系务会议、图书委员会、出版委员会、古物征集委员会等组织，还陆续制订了学校的组织规程、校历、学则、各系学程纲要等规章，甚至包括具体部科的办事细则以及学生寝室规则等各类规章制度。这种既要求严格又讲究民主的作风，深受师生欢迎。

杨振声治校期间，确立了“兼容并包、学术民主”的办学方针。学校聘闻一多担任文学院院长兼中文系主任、梁实秋担任外文系主任兼图书馆馆长、化学家汤腾汉担任化学系主任、教育家黄敬思担任教育学院院长兼教育行政系主任、数学家黄际遇担任理学院院长兼数学系主任、生物学家曾省担任生物系主任。这些学者思想多元，风采迥异，为学校注入了发展活力。

此外，杨振声还以自己的地位和声望，广邀学术界名流来青讲学，活跃学校的学术氛围。学校在每星期一“总理纪念周”举行师生集会，邀请章太炎、蔡元培、陈寅恪、胡适、冯友兰、顾颉刚、罗常培、竺可桢等知名人士来校演讲，既为在校师生启迪思想、开阔视野，也为学校在外界赢得了重视学术的口碑。

1932 年 9 月，杨振声因学潮辞去校长职务。虽然在任只有两年时间，但其治校期间学校教学和科研生机勃勃，声誉与日俱增，尤其是打下了学校此后发展的学科基础，可以说是山东大学学科发展的奠基人。

● “中国戏剧先行者”——赵太侔

赵太侔（1889—1968），山东益都（今青州市）人，原名赵海秋，曾用名赵畸，太侔为其字，取自《庄子·大宗师》“畸人者，畸于人而侔于天”，后来以字“太侔”行名学界。

1914 年，赵太侔考入北京大学英文系，四年学习毕业后回济南任山东省立第一中学教师。1919 年，赵太侔考取官费留学，远赴美国，在哥伦比亚大学读研究生，先读西洋文学，后专攻西洋戏剧并以此为平生志业。

赵太侔

1925 年夏，赵太侔与余上沅、林徽因、闻一多等一批留美学习戏剧、美术的学生回国，参与创建国立北京艺术专门学校并任教授兼戏剧系主任，在中国推广戏剧运动，故与余上沅和闻一多被时人称为“中国戏剧先行者”。

1928 年北伐军进入山东后，南京国民政府决定筹建国立山东大学，由山东省教育厅厅长何思源亲任筹备委员会主任，赵太侔与王近信为常务委员，傅斯年等 8 人为委员。1930 年 9 月，省立山东大学改称国立青岛大学并在青岛建校，赵太侔受聘学校教授并于 1930 年底至 1932 年任学校教务长。

1932 年赵太侔首度出任国立山东大学校长时，与前任校长杨振声接续努力，助推山大形成了办学历史上第一次发展辉煌，其中最大的表现就是名师云集、新秀荟萃。赵太侔专门有一本手册，上面记录着当时国内各学科领军人物和优秀人才，或亲自出面礼聘，或托人代请，不遗余力。在其任校长期间，除闻一多、梁实秋、沈从文之外，其他如张煦、洪深、李达、游国恩、吴伯箫、萧涤非、丁西林、童第周、王普、傅鹰、王恒守、任之恭、王淦昌、王统照等国内知名学者都在校任职。

此外，赵太侔还聘请郝更生和宋君复来校担任体育教师，促进学生素质全面发展。1932 年，中国首次参加奥运会就是由郝更生、宋君复等人发起组织并顺利成行。1935 年，国立山东大学体育馆还成为参加第十一届奥运会中国运动员的训练场馆。由此，郝更生一步步成为民国体育界“五大泰斗”之一，宋君复也被赞誉为“中国首位奥运教练”，国立山东大学也因此成为中国奥林匹克运动的重要发源地之一。

1946 年赵太侔再度出任国立山东大学校长时，面临的最大问题就是如何在青岛全面复校并重现往日荣光。他聘请当时原在学校任教的周钟岐教授由渝来青，担任学校教务长，与盘踞校舍的美军反复交涉，相继收回一批校舍，保证了学校正常复员。学校接着设立文、理、工、农、医 5 院 14 系，突出特色，广育人才，在艰难的环境下取得了殊为不易的成绩。

青岛解放后，国立山东大学与华东大学合并成立新山东大学，赵太侔辞去校长职，转任外文系教授。1958 年，山东大学迁往济南，他自愿留在青岛海洋学院任教并在那里终老。

● “战士、学者和校长”——华岗

华岗（1903—1972），字西园，浙江龙游人，我国著名无产阶级革命活动家、理论家、教育家、马克思主义学者，新中国成立之后山东大学第一任校长兼党委书记，被誉为“懂政策、有能力、会办学的好校长”。

华岗是一名具有深邃爱国思想和远大政治抱负的无产阶级革命家。20 世纪 20 年代初，华岗先在衢州师范学院求学，1924 年暑假后转入宁波第四中学学习。在恽代英等人教育影响下，开始接受马克思主义，同年加入中国社会主义青年团。1925 年，22 岁的华岗被组织派到南京学习工作，并在当年加入中国共产党。此后，出于革命需要，华岗毅然中断

华岗

学业，开启了一名职业革命家的生涯。

踏上革命道路之后，华岗历任多地共青团的省委书记、中共满洲特委书记、中共中央宣传部长、中共中央南方局宣传部长、中共上海工委书记等职。1945 年抗战胜利后，华岗参加国共重庆谈判，同年 10 月担任中共出席政协代表团顾问。华岗长期活跃在党的宣传战线，是一名忠贞的马克思主义宣传家和理论家，尤其是在 1938 年 1 月参与了中国共产党第一份在全国公开发行的报纸——《新华日报》的创办工作，并担任第一任总编辑，在党的宣传工作历史上留下了浓重的一笔。

华岗还是一位著述等身且洞识精微的学者。华岗一生留下《五四运动史》《中国民族解放运动史》《中国大革命史（一九二五—一九二七）》《社会发展史纲》《苏联外交史》等专著 16 部，各类论文 218 篇，未发表文稿 4 部，并译有《共产党宣言》《俄国革命史》等书。《中国大革命史（一九二五—一九二七）》和《中国民族解放运动史》是华岗在中国近现代史研究领域的代表作，尤其是《中国民族解放运动史》一书被学界称为“中国近现代史的奠基之作”。1940 年，华岗出版两卷本《中国民族解放运动史》，以鸦片战争为近百年民族解放运动史的开端，把太平天国运动、中法战争与甲午战争、戊戌政变与义和团运动、辛亥革命、五四运动、京汉铁路工人大罢工、国共合作、五卅运动、北伐战争、土地革命、南昌起义、广州起义等作为重要历史节点进行叙述，由此奠定了中国近现代史的叙事框架。

华岗更是一位兼具卓越领导才能和独特人格魅力的校长。从 1950 年 4 月起，华岗任山东大学校务委员会主任，后改任校长兼党委书记。在担任校长的五年时间里，华岗凭着坚定的信仰、革命的理想、学者的理性和科学的精神，不仅彰显了其独特的人格魅力，还缔造了山大发展历史上第二次辉煌，为山东大学的发展作出了开创性、奠基性和历史性的贡献。此一时期，华岗提出“文史见长，加强理科，发展生物，开拓海洋”的办学思路，进一步凝练了学校的学科发展方向。他倡导和推动学术论争，创办了后来扬名海内外学界的《文史哲》杂志。华岗对山东大学的影响，正如著名历史学家杨向奎先生回忆时所言：“华岗后来是山东大学校长，罗竹风是教务长，由他们来领导一个大学再理想不过，可以说，解放后山大的良好基础和校风是由他们建立起来的。”[1]

2003 年 6 月 8 日，山东大学在邵逸夫科学馆报告厅隆重举行华岗诞辰 100 周年纪念大会，会上宣读了全国人大常委会原副委员长、民盟中央名誉主席、华岗研究学会顾问费孝通同志为华岗百年诞辰的题词：“革命战士，学界楷模。”华岗用他的学养和学识奠定了山大学科的基础，用他的胸怀和气质涵化了山大学风和校风的气度，用他的精神和品格铸就了山大文化和精神的灵魂。

---

[1] 杨向奎：《忆往》，山东大学青岛校友会编：《山东大学（青岛）人物志》，海洋出版社 1991 年版，第 199 页。

成仿吾

● "人民教育的旗手"——成仿吾

成仿吾（1897—1984），湖南新化人，我国无产阶级革命家、忠诚的共产主义战士、新文化运动的重要代表、无产阶级教育家和社会科学家。

成仿吾的祖父成明郁是清光绪三年（1877）进士，曾任直隶行唐、广昌知县及知府。成明郁很是疼爱这个孙子，为他取名仿吾，希望成仿吾长大以后像他一样学品高洁且能为官造福一方。1910年，成仿吾随哥哥成劭吾同往日本留学，先后在冈山第六高等学校和东京帝国大学学习工科和军工，其间发生了"弃工从文"的思想转变。

1921年回国后，成仿吾与郭沫若、郁达夫、张资平等留日学生在上海建立了著名的革命文学团体"创造社"，并创办《创造周报》等多种进步报刊，发表革命文学作品，推广新文化运动。1925年，成仿吾从上海来到革命中心广州，担任广东大学教授和黄埔陆军军官学校教官，在这里结识了毛泽东、周恩来、恽代英、刘少奇、孙炳文等共产党人，开始学习《共产党宣言》及马克思主义理论，思想发生了转变，由"文化学者"成长为"革命战士"。

国民大革命失败后，为了深入学习马克思主义理论，成仿吾离国赴欧，并于1928年在巴黎加入中国共产党，从此开启了一名伟大革命者的政治生涯。1931年10月，成仿吾根据党组织指示回国，从事宣传和文教工作。1934年，成仿吾随红军长征，是长征路上唯一具有大学教授头衔的知识分子。此后，成仿吾的名字便与中国共产党的高等教育紧密联系在了一起：1937年任陕北公学校长，1939年创建华北联合大学并任校长，1948年创建和领导华北大学，1950年创办中国人民大学，被誉为“人民教育的旗手”。

1958年10月，就在成仿吾担任校长2个月后，山东大学奉命迁校济南。成仿吾带领领导班子制定了切实可行的方案，采取得力措施和妥善步骤，最大限度降低了学校搬迁带来的不利影响。顺利搬迁济南后，成仿吾又指挥全面开启济南校区建设，先后建成文史楼、化学楼和部分教职工宿舍，并确定毛泽东主席亲书的“山东大学”四字作为校牌使用字体。学科发展方面，在保持文史见长的基础上，加强理科建设，并重点突出晶体材料和微生物两个重点学科，形成了学校发展新的学科增长点。

1974年8月，根据毛泽东主席的批示，成仿吾离开山东大学，到中央党校专门从事马恩原著的翻译和校注工作。成仿吾在主持山东大学工作的16年里，以革命家的经验、政治家的策略和教育家的才干在政治波动的年月里竭力将学校工作纳入教研的正常轨道，并承接华岗校长的治校基础，延续了山东大学在20世纪50年代的发展辉煌。1984年5月17日，成仿吾在北京病逝，终年87岁。中共中央书记处审定的《成仿吾同志生平》高度评价说，他的一生“是为共产主义事业永远进击的一生，是为无产阶级教育事业艰苦开拓和创造的一生，是为马列主义、毛泽东思想的传播鞠躬尽瘁的一生”。

第八章 民族脊梁

在争取民族独立、人民解放和实现国家富强、人民富裕的历史进程中，中华民族涌现出一批又一批甘愿为国家进步和人民幸福奉献一切的时代先锋和民族脊梁。在不同历史发展阶段，山大的师生中也闪现出这样的人物群体。他们敢于承担历史使命，把个人抱负与民族的共同理想统一起来，在风云激荡的民国政坛、不惧坎坷的建党伟业、烽火连天的全民族抗战和波澜壮阔的解放战争中，将“为国家图富强”的文化基因融入血脉、注入灵魂、化为精神，共同塑造了山大的气质和风骨，集体展现了山大人的情怀和风采。

● “南黄北徐” “南宋北徐”——徐镜心

徐镜心（1874—1914），原名文衡，字子鉴，山东黄县（今烟台龙口）人，中国同盟会发起人之一，中国北方尤其是山东、东北地区辛亥革命的领袖，被孙中山视为“股肱心膂”，与黄兴、宋教仁齐名，故当时有“南黄北徐”“南宋北徐”之谓。

徐镜心起初是在烟台毓才学堂读书，后来听闻省府济南新开一家新式学校山东大学堂，招徕中西教习百余人，分斋授课，讲授内容涵盖中西之学，尤其是在西方自然科学知识的讲授上颇开风气之先，出于对新学实学知识的渴求，便毅然决定从烟台毓才学堂肄业，于1902年春转入山东大学堂继续求学。

徐镜心

山东大学堂当时规定，“心术端正、学术渊博之士”可由学堂总办和总教习会商后呈请政府咨遣出洋游学，徐镜心因在校期间品行端正、成绩优异被学校推荐“公费”出国留学。徐镜心于1903年负笈东瀛，入早稻田大学政法科攻读法律。在日留学期间，徐镜心逐渐认识到要想救国救民，必须彻底推翻腐朽的清政府，便毅然决然地走上了革命道路。1905年，徐镜心与孙中山、黄兴等在东京创立中国同盟会，被委任北部支部负责人兼山东分会主盟人，可随时随地吸纳同志参会，很快山东籍留学生就有50多人参加了同盟会。

1905年底，徐镜心受孙中山委派回国，在烟台创办东牟公学，将同盟会北部支部和山东分会机关部密设其内，兴学储才，传播革命思想。武昌起义后，徐镜心联合山东大学堂师生和社会各界人士成立“山东各界联合会”，与清政府山东巡抚孙宝琦谈判，迫其宣布山东独立，同时指示同盟会会员在烟台谋划独立以响应。1911年，在山东和东北地区发动了十余次反清起义，为推翻封建专制、创建民主共和立下了卓越功勋。1912年8月，徐镜心等邀请中华民国临时大总统孙中山先后到烟台、济南和青岛考察，使民主革命思想在山东地区深入人心。同年8月，同盟会改组为国民党，徐镜心被推选为国民党山东支部理事长，并在年底当选为国会议员。

二次革命失败后，徐镜心不避风险，坚决反对袁世凯复辟帝制，在报纸上发表文章揭露其倒行逆施行径，遭到军警逮捕，于1914年4月英勇就义，时年41岁。

1936年6月10日，国民党中央常务委员会通过褒旌山东革命先烈决议，追赠徐镜心为陆军上将，并举行国葬，将其灵榇迁往济南千佛山“山东辛亥先烈公坟”，即现在的辛亥革命烈士陵园，且将徐镜心墓茔安置为该陵园首墓。

高亦吾

● 周恩来革命人生的启迪者——高亦吾

高亦吾（1881—1941），山东章丘人，原名高守铭，字盘之，“亦吾”是他流落外地时使用的名号。

高亦吾出生于一个耕读世家，自幼接受传统学塾教育。1906年科举制度被正式废除后，高亦吾便在1907年考入山东高等学堂学习。此时，清王朝对内无法担负民族富强之历史责任，对外屈膝于列强之肆意侵凌，其统治处于风雨飘摇之中。

这一时期的山东高等学堂秉承山东大学堂“兴学强国”的使命，勇敢担负时代赋予的重任，成为推动山东地区反对封建黑暗统治的重要发源地之一，尤其是在辛亥革命时期涌现出不少民主革命的实践者和拥护者，如与徐镜心一道组织“山东各界联合会”的孔祥柯和丁惟汾，率众光复登州的孙丹林，联络全省各界保护矿山权益的刘冠三，在济南、胶州等地宣传民主革命思想的李廷璧，在文登、荣成独立斗争中牺牲的孙俊卿和李慕斋，他们均是山东高等学堂的毕业生。

在爱国救民的校园文化熏陶之下，高亦吾很快和一些进步学生走到了一起。经进步教师萧少瑜的启发和引导，他倡导和组织学生社团组织“乐群学会”“玫瑰花诗社”等，并和社团骨干发起了轰动济南全城的山东高等学堂反清斗争。清政府密令通缉带头闹事者，高亦吾不得不逃离济南，于 1909 年末辗转逃往东北奉天。

1910 年，在族兄的帮助下，高亦吾前往正在筹建的“奉天省官立东关模范两等小学堂”（后改名为奉天东关模范学校）任教，因在山东高等学堂修读历史、地理两科，所以担任了学校的历史教员。此时，年仅 12 岁的周恩来，由当时任铁岭税捐局主任的三伯父周贻谦从家乡淮安带到铁岭生活，从银冈书院转入奉天东关模范学校学习。

高亦吾在班上看到插班过来的周恩来气宇轩昂，经过接触之后更是感到周恩来谈吐不凡，胸怀壮志，便将他视为知音。周恩来也食宿于高亦吾住所，出入相随，学校上下都将周恩来视为高亦吾的弟子。为提高周恩来的政治觉悟，高亦吾常向周恩来推荐进步书刊，并赠送了自己从山东带来的《革命军》一书，希望周恩来能像这本书的作者邹容那样，将来担负起振兴国家的重任。

1913年，周恩来南迁天津入南开中学就读。师生临别之际，高亦吾勉励周恩来要志存高远，周恩来奋笔疾书“同心努力，前程万里指日登”，以示对恩师的敬重。在延安时期，周恩来在一次答外国记者问“以您的出身情况是如何走向无产阶级革命道路的”时，曾说：“少年时代在沈阳读书时，得山东高盘之先生的栽培，可以说，没有高先生就没有我的今天。”

高亦吾晚年返济避难，任职省建设厅多年。七七事变后，他愤然辞去公职，返回家乡章丘教书。1941年春节后，刚满60岁的高亦吾因患脑膜炎，不治辞世。据高亦吾之子高肇甫回忆，他于1950年3月在北京受到周恩来总理亲切接见。会面时，周总理深情回忆了高亦吾对他青年时期的谆谆教诲，动情地说道：“我受教育于高亦吾老师，获益匪浅，迄今尤甚感念，记忆犹新。”可以说，自走上革命道路以至后来身居国家总理的周恩来，一生都在念念不忘高亦吾对其青年时期的政治启蒙。

孔祥柯

“嘉惠邦人”——孔祥柯

孔祥柯（1888—1921），字则君，山东曲阜人，孔子第七十五代孙，教育家、政治家、社会活动家。

孔祥柯年少聪颖爱学，随曾任京师大学堂第九任总监督（即北京大学第九任校长）的外祖父劳乃宣在直隶、江苏、浙江等多省游学，接受初等教育，后就读于天津中学，于1906年毕业。接着，孔祥柯又考入京师译学馆学习深造。1911年，孔祥柯毕业后留京做官，辛亥革命爆发后毅然辞去官职，回原籍山东参加革命活动，并在当年被任命为山东高等学堂教务长。

1912年，孔祥柯当选山东临时省议会议员，并在第二年3月当选为山东省议会议员、第一届省议会副议长。其间，孔祥柯兼任山东高等学校校长。

第一次世界大战结束之后，英美等国在法国巴黎召开所谓的“和会”，实际上是列强之间的分赃会议。日本无理索取德国在山东青岛的权益，激起全国上下尤其是山东人民的极大愤慨。为促进山东问题的解决，废除卖国的“二十一条”，孔祥柯和许宗祥被山东各界公推为民间代表，于1919年4月从上海乘船启程，直接向中国公使和主导“巴黎和会”的英法美诸强请愿。孔祥柯抱定“非达到废约目的不回”的决心，在会场内外发表外文演说，“闻者动容，殊方绝域，报章传载”，对维护中国主权、收复青岛以及推动五四运动发展都发挥了积极的作用。这是孔祥柯短暂一生的高光时刻，也是一代代山东大学师生深具家国情怀和担当精神的历史诠释。

巴黎和会结束后，孔祥柯又不畏辛劳，在欧美各国考察访问，增进外人对中华民族的了解，深受各地友好人士欢迎。回国后，孔祥柯在经济调查局任职，因工作繁忙，积劳成疾，突然患上阑尾炎，于1920年初医治无效，在北京病逝，年仅33岁。历史文化学院已故教授孔令仁先生1985年应邀访美，在美国国会图书馆所藏《世界名人录》中发现了其二伯父孔祥柯的相关介绍，并将该书所附孔祥柯照片复印回国传看。

孔祥柯逝世之后，归葬于曲阜孔林祖坟东北侧，乔曾劬先生为之撰写碑文，由书法家王云楷先生书刻，碑文曰："君以盛年，功在乡国，为世论之所归，方谓谟猷，所至将以嘉惠邦人。"这是对孔祥柯一生贴切中肯的评价和表彰。

● "尽忠报国"——张自忠

张自忠

张自忠(1891—1940)，字荩忱，山东临清人，第五战区右翼兵团总指挥兼第三十三集团军总司令，中国国民党上将衔陆军中将，抗日名将、民族英雄。

1908 年，张自忠在临清高等小学堂读书，1911 年考入天津北洋法政学堂，接触到孙中山的三民主义学说和"驱除鞑虏，恢复中华，建立民国，平均地权"的资产阶级革命政纲，随即在该年底加入同盟会。1913 年，转入山东公立法政专门学校学习，成为该校第一届学生。后山东公立法政专门学校等六所公立专门学校合并为省立山东大学，此即张自忠与山东大学的渊源。

1916 年 9 月，张自忠被同乡好友奉天陆军第二十师第三十八旅第八十七团团长车震举荐投军于驻守廊坊的冯玉祥，从此开启了军旅生涯。他从见习官、排长干起，因治军严格、带兵有方，一路升迁至第五战区右翼兵团总指挥兼第三十三集团军总司令。

全民族抗战爆发后，日军于1938年3月进犯台儿庄，张自忠奉命率第五十九军急行军增援台儿庄，经忘我战斗最终击溃了日军号称“铁军”的板垣师团，取得了中国对日作战的重大胜利。1940年5月，时为第五战区第三十三集团军总司令的张自忠又率中国军队与日军15万精锐在枣阳、襄阳、宜昌等地进行会战。在敌众我寡，所部被日寇层层包围的不利局面下，张自忠勉励部下，发出铮铮誓言：“为国家民族死之决心，海不清，石不烂，决不半点改变！”于战斗之最后关头，仍身先士卒，力战不退，拼死搏杀，最后壮烈殉国于湖北宜城南瓜店，时年49岁。

张自忠是第二次世界大战50多个同盟国中殉职的军衔最高的将领，也是抗日战争期间为国捐躯的唯一的国民党上将级军官。对于他的壮烈殉国，举国上下深切哀悼，南京国民政府为张自忠颁发“荣字第一号”荣哀状，毛泽东、周恩来、朱德分别题写“尽忠报国”“为国捐躯”“取义成仁”的挽词。1943年5月16日，《新华日报》发表周恩来的文章《追念张荩忱上将》，文中说：“他的殉国，影响之大，决非他人可比……其忠义之志，壮烈之气，直可以为我国抗战军人之魂！”

新中国成立后，毛泽东主席亲自为佟麟阁、赵登禹、张自忠三位抗日英烈签发了烈士证书，中华人民共和国民政部也于1982年追认张自忠为革命烈士。2009年，张自忠被评为“100位为新中国成立作出突出贡献的英雄模范人物”，2014年被列入第一批300名著名抗日英烈和英雄群体名录。

刘谦初

●“党的忠实儿子”——刘谦初

刘谦初（1897—1931），原名德元，字乾初，山东平度人，中国共产党早期领导人。

刘谦初虽然出生于农家，但父母极其重视对他的教育。1912年，考入平度县知务中学读书，喜读文史，关心时事。1916年袁世凯窃国称帝，他带领13名同学投笔从戎，参加了中华革命军东北军第三支队，因作战英勇还获授过奖牌。讨袁胜利后返校继续学业，于1918年春考入齐鲁大学预科。五四运动爆发后，刘谦初积极投入反帝反封建的革命洪流，与同学们一起走上街头，游行示威，张贴标语，宣传爱国思想，动员民众，成为齐鲁大学风云一时的学生运动领导人。1921年，刘谦初预科结业，因缺少经济支持，无力升入本科，经友人介绍赴黄县崇实中学担任国文教员。当年，刘谦初参加上海圣教公会发起的“李提摩太奖款征文”比赛并获得奖学金，得以进入燕京大学文理科深造。

在北京学习期间，刘谦初涉猎马列主义经典著作，多次聆听李大钊讲演和授课，还秘密与进步学生组织建立联系，接受中共地下党的领导，并在1924年加入中国社会主义青年团。1926年，刘谦初在广州参加北伐军，主持十一军政治部的宣传工作，因主编刊物《血路》而名声大震，于 1927 年 1 月光荣加入中国共产党。

1927 年 3 月 7 日，刘谦初在武昌邂逅主持中央农民运动讲习所的毛泽东，被毛泽东深邃的洞察力和卓越的远见所折服，此后两人又多番畅谈。1928 年夏，刘谦初担任中共福建省委书记，1929 年春调任中共山东省委书记。1929 年秋，因叛徒出卖，刘谦初被捕入狱。1931 年 4 月 5 日凌晨，刘谦初与邓恩铭等 22 名共产党员在济南纬八路刑场英勇就义，时年 34 岁。就义前，刘谦初给妻子张文秋留下了一封告别遗书《爱护母亲！孝敬母亲！听母亲的话！》，将党视为最崇高可敬的母亲，而把自己看作党的忠实儿子。4 月 20 日，周恩来在上海党中央机关联络处秘密为刘谦初组织召开追悼会，他在会上指出："谦初的斗争意志很坚强，值得同志们学习。"1937 年 9 月，毛泽东在延安中央党校礼堂观看话剧《弃儿》，得知剧中饰演弃儿的 8 岁小演员是刘谦初的女儿刘思齐，十分沉痛地说："刘谦初是个好同志，很有才华，可惜牺牲得太早了！"1949 年 10 月，刘思齐和毛泽东的长子毛岸英喜结良缘。

新中国成立后，经多方查找获悉，在刘谦初等烈士牺牲后，当时严重的白色恐怖令济南党组织无法出面料理后事，多亏曾为刘谦初辩护的律师李华南冒着生命危险与刘谦初父亲刘禄及时电报联系，刘谦初遗体才得以被其乡亲集体出资运回刘家祖茔埋葬。1960 年 3 月，山东省民政厅将刘谦初烈士遗骸从平度县刘家庄迁至济南，4 月中共山东省委批准刘谦初烈士遗骸安葬于英雄山革命烈士陵园，并于当年 6 月归葬。1983 年 7 月 23 日，张文秋率女儿邵华（张文秋与陈振亚结为夫妻后所生二女儿）、女婿毛岸青和外孙毛新宇等专程赶赴济南英雄山革命烈士陵园为刘谦初烈士扫墓，寄托无限哀思。

闻一多

● "民主战士"——闻一多

闻一多（1899—1946），本名闻家骅，字友三，湖北蕲水（今浠水县）人，中国著名现代诗人、学者，被誉为"民主战士"。

闻一多出生于书香门第，自幼喜好古典诗词和美术。1912年，闻一多考入清华留美预备学校，在这里度过少年和青年时期。在清华的九年时光里，闻一多目睹国势衰微，在积极投身学生运动的同时，还担任《清华学报》《清华周刊》的编辑，发表诗篇，以文学警醒世人。1922年，闻一多漂洋过海去往美国留学，初在芝加哥美术学院攻读美术学，后转入科罗拉多大学美术系，在研究美术学的同时还积极投身现代诗的创作，《七子之歌》《爱国的心》《我是中国人》等传至今日的诗篇就是发表于这一时期。

1925年，闻一多回到阔别四年的祖国，与赵太侔等人发起国剧运动。1928年初担任武汉大学文学院院长，但两年之后因故去职。当时，闻一多收到清华大学和国立青岛大学同时抛来的橄榄枝，然而经杨振声校长盛情相邀和多次动员，他于1930年8月和梁实秋结伴从上海乘船来到青岛，出任国立青岛大学文学院院长兼中文系主任。

在国立青岛大学期间，闻一多除了开设“文学名著选读”“唐诗”“中国文学史”“英诗入门”等课程外，还开始对《诗经》《楚辞》《全唐诗》做考述研究。至于为什么要研究中国古代文学，他这样说道：“我始终没有忘记除了我们的今天外，还有那两千年前的昨天。”当时，闻一多和国内著名楚辞研究专家、文学史家游国恩先生是上下楼的邻居，两人经常碰头探讨古代文学。后来，他将《诗经》研究成果汇入《匡斋尺牍》一书出版，梁实秋称赞说：“在《诗经》研究上，这是一个划时代的作品，他用现代的科学方法解释《诗经》。”可以说，正是在国立青岛大学任教期间，闻一多完成了从诗人到学者身份的转变。

作为国立青岛大学文学院院长兼中文系主任，闻一多还以个人名望将方令孺、游国恩、丁山、姜叔明、张煦、谭戒甫等知名专家紧密团结起来，共同为学校赢得了“文史见长”的学术口碑。

1932 年 9 月，国立青岛大学奉国民政府行政院之命改为国立山东大学，此时学校内部时有纷争，学生运动风潮迭起，闻一多亦受到攻击与诽谤，于 1933 年 1 月被迫辞去院长一职，回北平任清华大学国文系教授。随着时局变迁，闻一多随校南迁并担任长沙临时大学、西南联合大学教授。面对国民党的倒行逆施以及对中国共产党政治路线了解的加深，闻一多的思想发生了重要转变，并在 1944 年秋加入中国民主同盟，投身反抗国民党独裁统治的民主运动。1946 年 7 月 15 日，在悼念李公朴的大会上，闻一多发表《最后一次的演讲》，斥责国民党暗杀李公朴的罪行，于当日下午被国民党特务杀害。

毛泽东在《别了，司徒雷登》一文中这样评价闻一多在民主运动中的革命大无畏精神：“闻一多拍案而起，横眉怒对国民党的手枪，宁可倒下去，不愿屈服。”2005年，山东大学文学与新闻传播学院1981级99位校友共同捐资建造了闻一多先生铜像，校方也在邵逸夫科学馆前举行了盛大揭幕仪式。2009年，闻一多被评为“100位为新中国成立作出突出贡献的英雄模范人物”。

青年罗荣桓

● “国有疑难可问谁？”——罗荣桓

罗荣桓（1902—1963），湖南衡山人，伟大的无产阶级革命家、政治家、军事家，中国人民解放军和中华人民共和国缔造者之一，中国人民解放军政治工作奠基人，中华人民共和国十大元帅之一。

1924年9月，罗荣桓从长沙市协均中学考入刚成立的私立青岛大学工科预科，与彭明晶（后来成为罗荣桓的入党介绍人）、张沈川（后来开办中共第一个无线电训练班）等进步青年为同一届同学，并成为私立青岛大学的第一届新生。

罗荣桓在校期间攻读的是工科，通过学习了解到我国工业大大落后于帝国主义国家的现实，并通过对“比睿丸”等驻青岛日舰的实地参观认识到要使国家富强须以发展工业为要，因而便和同学成立“三民实业社”等实业团体，生产纱布、药棉、墨水、肥皂、蜡烛等用品，以此来抵制日货，试图“工商救国”。

1925年5月，青岛爆发有近两万名纱厂工人参加的大罢工，遭到日本帝国主义和北洋政府的血腥镇压，造成8人死亡、17人重伤、75人被捕、数百人遭到通缉、3000多名工人被遣送回原籍，史称“青岛惨案”。

惨案的发生在青岛引起学生罢课、市民罢市、工人罢工，罗荣桓与张沈川等志同道合的同学借机成立校学生会，并以私立青岛大学学生会为核心，联合其他驻青学校学生会成立青岛市学联，白天组织演讲队走街串巷散发传单，晚上组织演剧队开展巡演募捐活动。

当年夏天，罗荣桓还受青岛市学联委托，赶赴上海进行宣传活动，揭露青岛惨案真相，呼吁上海各界联合起来，支援青岛的爱国主义运动，反对帝国主义对中国人民的戕害。就是在这一场场的活动中，罗荣桓逐渐成长为学校和学联追求民主进步的学生领袖之一，并深刻认识到要想真正救国救民，就必须彻底推翻腐朽无能的北洋政府和肆意欺凌中华民族的帝国主义列强。

1926年夏，罗荣桓从私立青岛大学结业，与张沈川奔赴国民革命的策源地广州。1927年4月，在彭明晶的介绍下，罗荣桓在武昌加入了中国共产党，从此开启了革命生涯。

投身革命之后，罗荣桓参加了秋收起义和井冈山革命根据地的创建，走完了两万五千里长征，从红军连、营、纵队的党代表一步步勇往直前，先后担任军政委、军团和红军后方政治部主任。在抗日战争和解放战争中，罗荣桓历任八路军一一五师政治部主任和政委、山东军政委员会书记、山东军区司令员兼政委、中共中央山东分局书记、东北民主联军副政委、中共中央东北局副书记、东北军区副政委、东北野战军政委、第四野战军第一政委、中共中央华中局第二书记等职。

新中国成立后，罗荣桓任中央人民政府最高人民检察署检察长、中国人民革命军事委员会总政治部主任和副主席等职。1955 年，罗荣桓被授予元帅军衔，获得一级八一勋章、一级独立自由勋章、一级解放勋章。1963 年 12 月 16 日，罗荣桓在北京不幸逝世。毛泽东听到消息后赶到北京医院和罗荣桓的遗体告别，并满怀深情写下了《七律·吊罗荣桓同志》，其中“君今不幸离人世，国有疑难可问谁？”一句表达了毛泽东对罗荣桓去世的无限痛惜和无尽哀思。

作为罗荣桓元帅的母校，山东大学在洪家楼校园竖立了罗荣桓戎装雕像，以供学子瞻仰凭吊。学校也举办了多场活动追忆罗荣桓元帅在山大的青春时光和对中国革命事业作出的卓越贡献。2002 年 10 月，学校举办罗荣桓元帅诞辰 100 周年演讲朗诵会和图片展，以示对这位杰出校友的无限怀念。

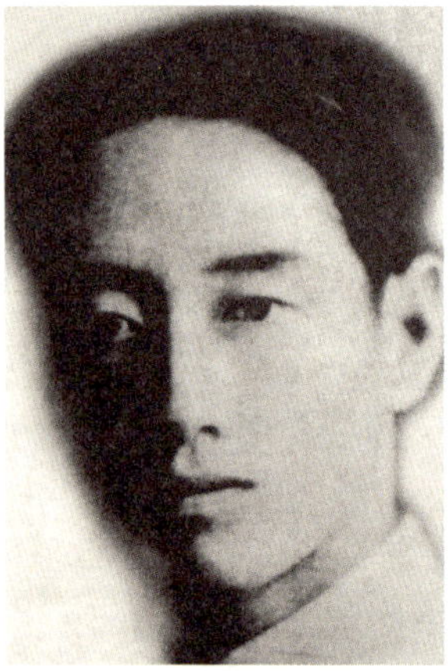

臧克家

“世纪诗翁”——臧克家

臧克家（1905—2004），山东诸城人，杰出诗人，忠诚的爱国主义者，曾任中国诗歌学会会长、中国毛泽东诗词研究会名誉会长、中国写作学会名誉会长。臧克家把毕生的精力和心血无私地奉献给了党和人民的文学事业，“用诗歌点亮一个时代”，被誉为“世纪诗翁”。

1923年夏，臧克家入山东省立第一师范学校学习，四年后考入国民党中央军事政治学校武汉分校并参加北伐战争。国民大革命失败后，臧克家在家乡和东北地区活动。1930年8月，刚成立的国立青岛大学在青岛、济南、北平三地设立考场，进行开校以来的第一次招生。当时在国立青岛大学预科班学习的臧克家，以数学0分、国文98分的成绩被文学院院长闻一多破格录取，成为山东大学在青岛开校以来的第一届学生。

在校期间，臧克家在闻一多的鼓励和点拨之下开始创作新诗，发表了《难民》《老马》《罪恶的黑手》等诗篇，出版了第一部诗集《烙印》，与闻一多从国立中央大学带来的助手陈梦家并称中国现代诗坛的“闻门二家”，成就了山东大学中文学科的一段佳话。

全民族抗战爆发后，臧克家奔赴前线，积极投身抗日救亡的文化宣传工作，创作了《从军行》《泥沼集》《淮上吟》等诗集及散文集《随枣行》，讴歌了抗日军民的伟大爱国精神和英勇抗敌的事迹。解放战争期间，臧克家多次参加反对内战的爱国进步活动。重庆谈判期间，他还应邀出席毛泽东在张治中寓所举行的文化界人士座谈会。1946年，臧克家去到上海，主编《文讯月刊》，出版诗集《宝贝儿》《生命的零度》《冬天》。

新中国成立后，臧克家积极参加党的文化教育事业，曾任《诗刊》主编、中国作家协会书记处书记。1957年，在担任《诗刊》主编时，曾与徐迟等人给毛主席写信请求在创刊号发表其旧体诗，毛主席不仅回信同意，还在请求审定的八首的基础上增加了十首，并且在回信两天后于中南海颐年堂接见了《诗刊》编辑部的编委们，此后《诗刊》创刊号首次发表了毛泽东诗词十八首，在全国上下引起巨大反响。同年，臧克家与周振甫合著《毛主席诗词讲解》，经中国青年出版社出版，推动了毛泽东诗词的大众化传播。除了“文化大革命”时期，臧克家在文坛一直笔耕不辍，不断有诗集、散文集等问世。2004年2月5日，臧克家因病在北京逝世，享年99岁。

虽然自1934年毕业后就阔别母校多年，但臧克家始终与山东大学保持着多种形式的联系。1982年5月，山东大学文艺刊物《稚虬》出版，臧克家为之题词。1984年4月，学校发起举办臧克家学术讨论会，年逾八旬的臧克家亲临讨论会并致辞。2002年9月，时年98岁的臧克家向学校图书馆赠书3312册，其长子、哲学与社会发展学院教授臧乐源代表父亲接受了母校颁发的赠书证书。2005年10月，学校又举办臧克家先生百年诞辰纪念大会，著名诗人贺敬之给大会发来贺信。

● “救人救国救世”——齐鲁医学三杰

1940年中秋节，毛泽东主席在延安杨家岭摆了一场家宴，答谢为李讷接生的中央医院医生，并留下了一张宝贵的合影。在这张9人合影中，来自齐鲁大学医学院系统的侯健存、魏一斋、金茂岳与毛泽东主席并排而立，居中的是顺利完成接生工作的妇产科主任金茂岳。

侯健存（1900—1981），本名侯立山，辽宁大连人，1926年毕业于齐鲁大学医学院，获博士学位，两年后被学校派送协和医院研究小儿科，1931年结业后返回齐鲁大学医学院任教。1939年随国际红十字会医疗队到达延安参加革命，初在中央第二保育小学做儿童保健工作，1939年中央医院成立后担任小儿科主任。新中国成立前后，侯健存先后担任中央军委后勤卫生部北京医院小儿科主任、北京医院小儿科主任等职。20世纪50年代因健康原因转到青岛长期疗养并在这里终老。

魏一斋（1906—1975），本名魏兴谦，山东寿光人，1934年毕业于齐鲁大学医学院，留校任妇产科医师，后入北平协和医院深造并留任妇科总住院医师，与我国著名医学家林巧稚为同事。全民族抗战爆发后，魏一斋积极参加救亡活动，并在1938年9月奔赴延安，任中央医院医务主任、院长，同时兼任中央主要领导人的保健大夫。他医术精湛，工作勤奋，多次受到毛泽东等中央领导人的接见和嘉许：毛泽东给他的亲笔题词是“为革命服务”，周恩来的题词是“为边区医院树模范作风”，朱德的题词是“救人救国救世”。在国立山东大学与华东大学合并组建新山东大学后，魏一斋来山东大学执教并任医学院院长，与罗竹风、刘椽、童第周、陈瑞泰、丁履德、李先正等人兼任校委会常务委员。1951年3月后，魏一斋调任中央人民政府卫生部，任教育处副处长、医学教育司副司长，兼任中华医学会妇产科学会副主任委员等职。

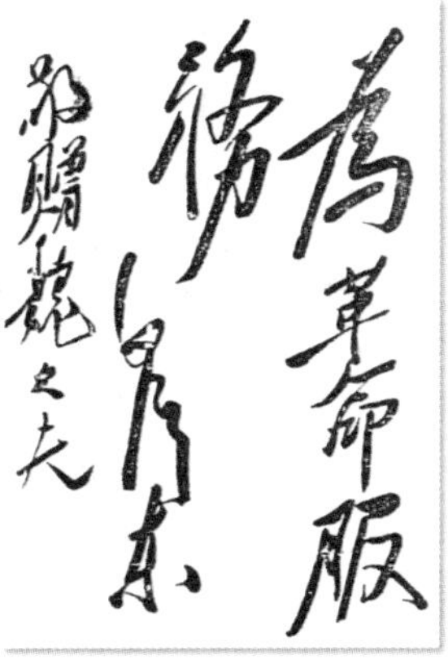

毛泽东为魏一斋题词

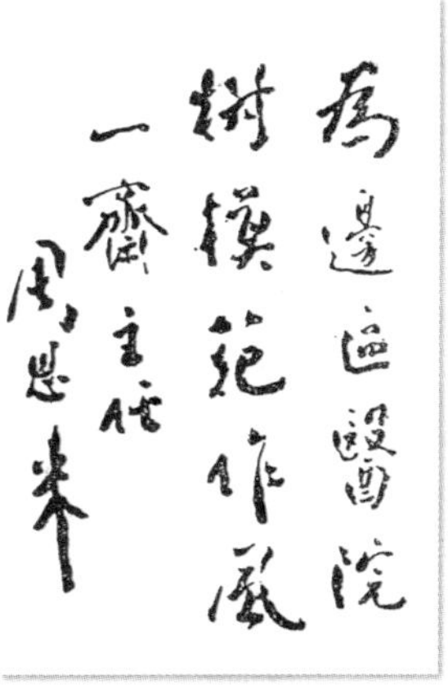

周恩来为魏一斋题词

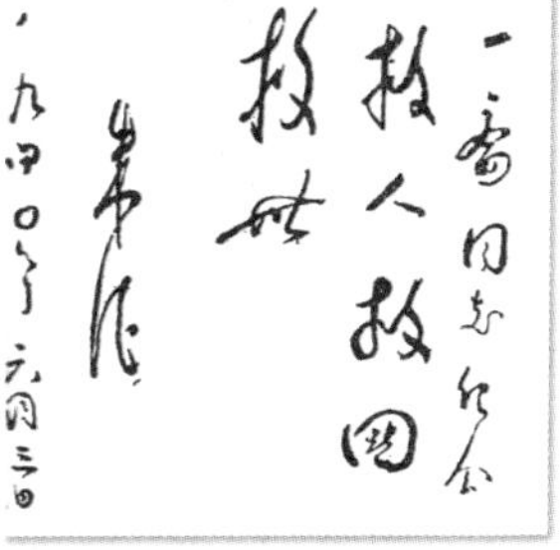

朱德为魏一斋题词

金茂岳（1906—1987），回族，山东济南人，1935年毕业于齐鲁大学医学院，留校任妇产科医师。齐鲁大学内迁至四川成都后，金茂岳投身战地医院从事救护工作，并加入了中国红十字会，在贵阳参与组建医疗大队，在西安一带从事医疗救治工作。1939年中央医院成立，金茂岳受边区政府主席林伯渠推荐担任医务副主任和妇产科主

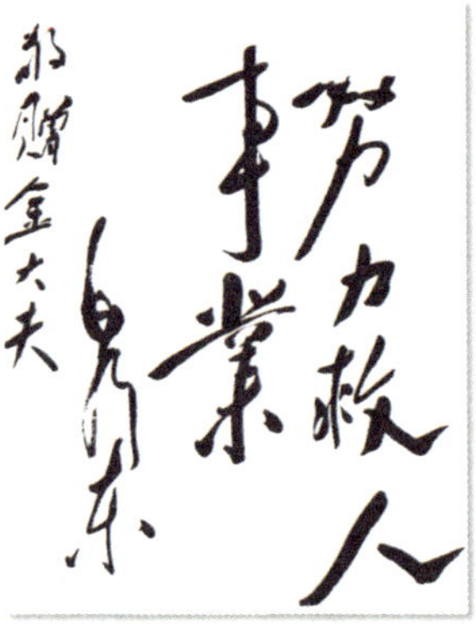

毛泽东为金茂岳题词

任，并受学兄魏一斋鼓励，坚定地留在延安参加革命工作。金茂岳在延安卫生工作中奉献卓著，多次获得中央领导人题词表彰：毛泽东的题词是“努力救人事业”，周恩来的题词是“为边区卫生工作创新纪元”，朱德的题词是“不但医人还要医国”。新中国成立前夕，金茂岳随中央机关进京，历任北京医院副院长、中央直属第二医院和北京平安医院院长，1958 年调任宁夏回族自治区卫生厅副厅长，1972 年又回京任北京市卫生局副局长等职。

在烽火连天的全民族抗战和波澜壮阔的解放战争中，以侯健存、魏一斋、金茂岳等为代表的山大学子，将“为国家图富强”的文化基因融入血脉，为共产主义事业矢志奋斗，谱写了山东大学红色传统的革命篇章。

● “巡天卫国”——王海

王海

王海（1926—2020），原名王永昌，山东威海人，中国人民解放军空军原司令员。

1944 年 5 月，18 岁的王海参加胶东抗日青年支队，并在当年 9 月加入中国共产党。1945 年底，王海被组织推荐到山东解放区首府临沂新建立的军政干部学校“临沂山东大学”（该校 1948 年与华中建设大学合并组建华东大学，1951 年 3

月又并入山东大学）学习，为该校招收的第一届学生。

临沂山东大学起初只设 4 个学员班，学员仅有 300 多人，王海当时担任第四学员班班长兼党支部委员。和王海同窗共读的同学中，有后来曾任中共上海市委书记的芮杏文，有后来参演《李双双》《北国江南》《白求恩大夫》《巴山夜雨》等电影的著名表演艺术家仲星火，还有与王海一同从家乡威海入校后来成为著名女电影导演的董克娜。通过临沂山东大学的系统教育，王海等同学提高了思想觉悟，开阔了眼界，懂得了很多革命道理，由单纯幼稚的青年学生逐渐成长为有理想、有目标的革命者。

1946 年 6 月，为了落实中共中央巩固东北革命根据地的决定，临沂山东大学选派年轻干部调入东北加强党的力量。王海服从组织安排由临沂山东大学转入东北民主联军航空学校，并被选为该校第一批学员。1950 年 5 月，王海毕业后成为共和国空军的一名歼击机飞行员，先后任空军第四航空学校飞行队飞行员、空军第四混成旅驱逐十团二十九大队中队长。

王海的名字是随着抗美援朝战争的胜利而传遍祖国四面八方并震惊大洋彼岸的。1951 年 4 月，王海作为空三师九团一大队大队长，随空三师奉命编入志愿军空军战斗序列，开始投入这场保家卫国的伟大战争。11 月 18 日，王海所率志愿军空军空三师九团和苏联空军在朝鲜肃川上空迎击美国空军，以 5 ∶ 0 的战果结束战斗，王海本人击落 2 架敌机。12 月 15 日，王海再次率队迎战美国空军，以 4 对 12 的劣势却取得了 6 ∶ 1 的惊人战果。王海率部与号称“世界王牌”的美国空军激战 80 余次，击落敌机 29 架，本人击落敌机 9 架，先后荣立二等功、一等功、特等功，被授予“一级战斗英雄”称号。因功勋卓著，一大队后来被命名为“王海大队”。在中国人民革命军事博物馆，至今仍陈列着一架绘有 9 颗红星的米格 -15 歼击机，这就是王海当年驾驶过的功勋飞机。1952 年 2 月 1 日，毛泽东主席看到空三师 86 天作战情况报告后，亲笔题写“向空军第三师致祝贺”的批语。1955 年 9 月，王海被授予中校军衔。

改革开放后，王海历任广州军区空军司令员，中国人民解放军空军副司令员、司令员，1988 年 9 月被授予空军上将军衔。2020 年 8 月 2 日，王海在北京逝世，享年 94 岁。2021 年 2 月 17 日，王海获评感动中国 2020 年度人物，他的颁奖词是：“在朝阳下俯冲，迎着西风开火。空中的尖刀，以一当十；疆土的坚盾，巡天卫国。山河已无恙，祖国的雄鹰已飞得更高，你刻在机身上的星星，是战士们的巡航坐标。”这是对王海英雄一生的真实写照。

第九章
文化酵母

“所谓大学者，非谓有大楼之谓也，有大师之谓也。”跨越百廿的山大，文史见长，大师辈出。回望山大历史，一位位大师如同一座座高山，连绵起伏，层峦叠嶂，联结了学科发展的历史，隆起了学术研究的高地，树起了学校形象的旗帜。他们或踱步于三尺讲堂，成为知识摆渡人；或闻名于书刊，成为文化守望者；或行走在中学与西学之间，成为现代人文学术体系在山大建构过程中的原点；或寄望于大学成为国民再造之所，以人格风骨和思想情怀开启学生的心灵和智慧之门。

● 山大首批现代人文学者的风骨和气度——“饮中八仙”

1930 年 5 月，杨振声受命担任国立青岛大学校长，到职后即制定国立青岛大学组织规程，内云：“本大学根据中华民国教育部宗旨，以提高民族文化，研究高深学术，养成健全品格及专门人才为宗旨。”抱持“研究高深学术”的目标，杨振声效仿蔡元培主政北大时“兼容并包、思想自由”的办学宗旨，延聘国内知名专家学者来校任教，闻一多、梁实秋、游国恩、沈从文、宋春舫、闻宥、黄敬思等人文学者均受邀而来，共同助推了山东大学现代人文学科在 20 世纪 30 年代的体系凝塑和崇尚学术风气的形成。

▲ 油画《酒中八仙》，邢小震 绘

此一时期人才济济的教授队伍中，有八位教授在繁忙的教研工作之余，常外出聚饮，率直任诞，还比附前贤，被梁实秋戏以“饮中八仙”自称，遂形成了脍炙人口的“酒中八仙”逸事。这“八仙”分别是杨振声、闻一多、梁实秋、赵太侔、黄际遇、刘本钊、方令孺和邓仲纯。除了理学院院长、数学系主任黄际遇之外，其余七人均有深厚的人文学科背景。

校长杨振声致力于文学研究，先后发表了一批反帝反封建、暴露旧社会黑暗、反映工农大众疾苦、争取妇女解放的文艺作品，被鲁迅称为“极要描写民间疾苦的作家”；文学院院长兼中文系主任闻一多既为现代诗人，又在《诗经》《楚辞》《全唐诗》等中国古代文献研究考证上常有大作问世；外文系主任、图书馆馆长梁实秋为文学批评家、翻译家，被誉为国内第一个研究莎士比亚的学术权威；教务长赵太侔兼任文学院教授，在戏剧创造、汉字改革上很有研究心得；会计、秘书长刘本钊精于金石字画之品评鉴赏，并以“远哉”“康夫”“铁君”等笔名在各大报刊发表京剧述评、杂文、历史小品等；方令孺为文学院教师，是散文作家、女诗人；邓仲纯则是从日本留学归来，在外文系担任日文教师。

梁实秋在《酒中八仙——记青岛旧游》《饮酒》等文章中回忆，在校长杨振声带领下，“八仙”在闲暇之余可谓三日一小饮，五日一大饮，薄暮入席，深夜始散。而且宴会兴致高涨之时，还会击箸而歌，声振屋瓦，激昂慷慨，颇有古时侠客风范。有时还结伙远征，近则济南，远则南京、北京，戏言“酒压胶济一带，拳打南北二京”，大有“抬眸四顾乾坤阔，日月星辰任我攀”之感。1932 年杨振声校长去职、闻一多去了清华，1934 年梁实秋到了北大，1936 年黄际遇则去了中大，“酒中八仙”遂成了山东大学士人的永恒记忆。

●“中国电影、话剧事业奠基人”——洪深

洪深（1894—1955），原名洪达，字伯骏，号潜斋，江苏武进人，电影戏剧理论家、剧作家、教育家、社会活动家，中国电影和话剧事业的开拓者，抗战文艺先锋战士。

洪深

洪深早年就读于上海徐汇公学、南洋公学、天津铃铛阁中学，1912 年考入清华学校，1916 年赴美入俄亥俄州立大学习陶瓷工程，1919 年转入哈佛大学修文学、戏剧并获硕士学位，是中国第一位专习戏剧的留学生。1922 年回国后在上海从事戏剧创作和演出，1925 年任明星影片公司编导兼中华电影学校校长。

1934 年，经梁实秋举荐，加上赵太侔夫人、著名话剧演员俞珊等人从中说项，校长赵太侔礼聘洪深来国立山东大学任教。这样，当年 9 月，洪深与老舍、王淦昌、童第周等人作为山东大学新聘教师一起入校工作。此时，梁实秋刚解职回京，洪深即接替了其外文系主任一职。

洪深到岗前后的国立山东大学，反帝反封建爱国运动风起云涌。学校进步学生在前期组建的新文学研究会、时事研究会、读书会等文学团体组织的基础上成立了第一个左联地方组织，对外称“新文学研究会”。左联小组在中共青岛市委的领导下，团结联系洪深与王统照、沈从文、萧军、萧红、艾芜、郁达夫、端木蕻良等旅居青岛的作家，动员他们创作革命文学作品。

在授课之余，洪深于入校当年完成了电影《劫后桃花》的剧本创作，以德占胶州湾为历史背景映射当时日本等国攫取租界特权。1935 年，明星公司将此剧拍摄上映，请著名影星胡蝶担任女主角，放映后引起了观众的强烈反响和感情共鸣。

为引导学生学以致用，洪深还倡议在校内成立学生剧社，开展课余戏剧演出活动，通过公演唤醒民众觉悟。他编导话剧《寄生草》（即《少奶奶的扇子》）并组织公演活动，在社会上引起不小的轰动。洪深还对校内的中共外围组织——海鸥剧社予以大力保护，海鸥剧社当时已与全国的左联剧联建立联系，联络青年学生靠拢中国共产党组织，频频受到青岛反动当局的迫害。

1936 年 3 月，赵太侔辞去校长一职，洪深因不满校方对进步学生的处分和反动当局对爱国运动的镇压，亦辞去外文系主任一职，从青岛返回上海，继续从事电影、戏剧创作活动。全民族抗战爆发后，洪深在多所大学辗转任教。新中国成立后，洪深当选中国文联主席团委员、中国剧协副主席，并于 1954 年任中华人民共和国对外文化联络局局长兼中国对外文化协会副会长。

1955 年 8 月 29 日，洪深因病与世长辞，终年 61 岁。据统计，洪深一生创作电影剧本 36 部、话剧剧本 44 部，导演电影和话剧 10 部，撰写电影、戏剧理论著作 10 部，另发表论文 40 多篇，为中国的电影和话剧事业奠基作出了巨大贡献，被誉为“中国电影、话剧事业奠基人”。

● “照耀着学生们向光明大路走去”——王统照

王统照（1897—1957），字剑三，山东诸城人，小说家、散文家、诗人，被学界称为“新文化的先驱者”。

早在中国大学英国文学系读书时，王统照

王统照

就与郑振铎、沈雁冰、叶圣陶、郭绍虞、周作人、朱希祖、蒋百里、许地山等人发起成立了文学研究会，推动新文学写作，称名于文学界。1922 年，王统照毕业留校任教，两年之后就升任教授。1926 年，王统照迁居青岛，专事文学创作，其作品数量之多、质量之优，诚如茅盾先生在总结新文学运动第一个十年成果时所指出的那样："那时常有作品发表的作家亦不过鲁迅、冰心、王统照、叶绍钧等五六人。"1932 年 6 月，左联机关刊物《文学月刊》在上海创办，王统照与鲁迅等人被邀为刊物编委，协力推进文学事业发展。上海沦陷后，王统照坚持在上海开展抗日救亡活动，曾任迁到上海公共租界办学的暨南大学教授。

1946 年国立山东大学在青岛复校，王统照于当年 8 月受聘来校担任中文系教授。王统照到校之后，看到学校百废待兴，尤其是目睹学校内迁后图书仪器设备损失十之六七，便将自己劫后珍藏的 300 余种线装地方志文献转赠学校，并和同期受聘的杨肇熑、周钟岐、童第周、曾呈奎、刘椽、何作霖、陈瑞泰、朱树屏、孙振先、李士伟、孟云桥、杨向奎、赵纪彬、丁山、陆侃如、冯沅君、黄孝纾、萧涤非等先生共同助推学校迅速复校。

解放战争时期，王统照支持进步学生的爱国运动，反对国民党一党专政，从内心拥护中国共产党的领导并盼望国家及早新生。著名作家郑振铎曾这样追述王统照："他在山东大学做教授的时候，乃是一盏明灯，照耀着学生们向光明大路走去。他是'有所为'的！无论在这个时期或在上海编辑《文学》的时期，他都是真心诚意地接受中国共产党的领导的。他知道只有和党走一条路，只有接受党的领导，才能够走上正确的光明的道路。"[1]

[1] 郑振铎：《悼王统照先生》，《郑振铎自述》，安徽文艺出版社 2013 年版，第 255 页。

青岛解放后，王统照被新生的山东大学复聘，并在山东大学与华东大学合并后担任文学系主任。1950 年 3 月，王统照调任山东省文教厅副厅长，同年 4 月当选为山东省文联第一任主席兼山东省文化局局长。1957 年 11 月 29 日，王统照因病在济南逝世，终年 60 岁。听闻王统照逝世的消息，和他因文学结缘的挚友陈毅元帅于 1958 年 4 月在《诗刊》发表诗作，深情回忆了两人的交往并高赞褒扬了他的一生：

剑三今何在？墓木将拱草深盖，四十年来风云急，书生本色能自爱。

剑三今何在？忆昔北京共文会，君说文艺为人生，我说革命无例外。

剑三今何在？爱国篇章寄深慨，《一叶》《童心》我喜读，评君雕琢君不怪。

剑三今何在？济南重逢喜望外，龙洞共读元丰碑，越南大捷祝酒再。

剑三今何在？文学史上占席位，只以点滴献人民，莫言全能永不坏。

“人民艺术家”——老舍

老舍（1899—1966），字舍予，原名舒庆春，北京人，中国现代小说家、著名作家、杰出的语言大师、人民艺术家，新中国第一位获得“人民

老舍

艺术家”称号的作家。

1930年7月，老舍结束了在伦敦大学东方学院汉语学系六年的讲师生涯，应齐鲁大学代理校长林济青之聘，任新成立的齐鲁大学国学研究所文学主任兼文学院教授。齐鲁大学国学研究所是专门研究中国传统文化的学术研究机构，由美国哈佛大学和中国燕京大学合作成立的“哈佛—燕京学社”提供经费支持。

在齐鲁大学任教期间，老舍可以说实现了生活与事业的双丰收：1931年与胡絜青女士结婚；同年暑假完成长篇小说《大明湖》的创作之后，又相继创作长篇小说《猫城记》《离婚》《牛天赐传》、短篇小说集《赶集》等作品，还编写了《文学概论讲义》一书。

1934年秋，老舍从齐鲁大学去职，到国立山东大学中国文学系任教。在校期间，老舍主讲“欧洲文艺思潮”“外国文学史”“高级作文”“文学概论”“小说作法”“外国文学”等课程，由于创作经验坚实，生活阅历丰富，加上语言幽默且表达能力精湛，因而深受同学们欢迎，收获了一批拥趸。1935年暑假，老舍与王亚平、王统照、吴伯箫、洪深、赵少侯、臧克家等人在青岛发起创办《避暑录话》，作为《青岛民报》的副刊单独发行。1936年，学校出版校刊《山大年刊》，老舍亲任顾问，帮助审阅稿件，提高刊物质量，并留下《青岛与山大》一文，表达了一名知识分子的拳拳爱国之心。

老舍先生在国立山东大学留下的最大印记，就是他在这里完成了长篇小说《骆驼祥子》的创作、打磨与成型。《骆驼祥子》于1936年9月在《宇宙风》杂志连载后轰动文坛，由此奠定了老舍在中国现代文学史上的重要地位。

1937 年 7 月，老舍离开国立山东大学，回济在齐鲁大学重拾教鞭，住在校园长柏路教授别墅宿舍 2 号。可惜此时赶上全民族抗战爆发，齐鲁大学教学工作几近停滞，老舍于当年 11 月只身坐火车去往武汉，在爱国将领冯玉祥帮助下，从此投身文艺界的抗战洪流。1946 年国立山东大学在青岛复校，远在美国讲学的老舍受邀重回山大执教并担任文学院院长，考虑到暂时归国不便，便请赵太侔代行院长一职。结果，结束在美国的文化交流已是三年之后，老舍回到北京并在全国文联工作，无法与山东大学再续学缘。山东大学由此也成为老舍先生平生在国内执教的唯一一所大学。

老舍先生一生笔耕不辍，创作甚丰，发表小说、剧本、散文等各类文学作品 150 余篇（部），计有 800 余万字，有“中国语言大师”之美称。其中，1930 年 7 月到 1937 年 11 月这前后 7 年左右的山大从教生涯，可以说是老舍文艺创作的黄金时期，而山东大学也始终珍怀老舍先生在学校发展历史上留下的印记。1982 年 3 月，学校主办“全国第一次老舍学术讨论会”，老舍先生夫人胡絜青、日本老舍著作爱好者访华团等中外人士 60 余人参会。2005 年 4 月，学校又举行“世纪回响——山大知名人物系列纪念活动”，首场活动就是纪念老舍先生，老舍先生长子舒乙先生携妻子于滨女士以及北京老舍纪念馆馆长张文生先生一道参加，与山大师生共同回望老舍先生在山大的黄金岁月。

● “乡土文学之父”——沈从文

沈从文（1902—1988），原名沈岳焕，字崇文，湖南凤凰人，现代著名作家、历史文物学家、京派小说代表人物，在中国文坛被誉为“乡土文学之父”。

1931 年秋，沈从文受聘来国立青岛大学担任文学院中文系讲师，主

沈从文

要讲授“小说史”“散文写作”等课程。据臧克家先生回忆：“沈从文先生，教我们小说史，他住在学校通往公园的林园右边的小楼的‘窄而霉斋’里，写作很勤，经常出入图书馆，查教学材料。他上课，声语低，说得快，似略有怯意。”[1]虽然学生对沈从文的教学效果似乎未予以高度肯定，但对于沈从文关爱同学提携后进却有一致好评。臧克家第一本诗集《烙印》出版时，其实就得到过沈从文的资助。

青岛舒适的环境、惬意的生活也激发了沈从文旺盛的创作力。虽然在学校执教仅有两年时间，但沈从文迎来了文学创作上的“井喷”，写成《记丁玲》《从文自传》《月下小景》《八骏图》《石子船》《沈从文子集》《一个女剧员的生活》《记胡也频》《泥涂》《都市一妇人》等作品。其实，返京后写成的代表作《边城》，也是酝酿于在山大执教时期。正如1980年他在《从文自传》附记中所言：“当时年龄刚及三十，学习情绪格外旺盛。加之海边气候对我又特别相宜；每天都有机会到附近山上或距离不及一里的大海边去，看看远近云影波光的变化，接受一种对我生命具有重要启发性的教育。因此工作效率之高，也为一

[1]《臧克家全集》第6卷，时代文艺出版社2002年版，第415页。

生所仅有。”[1]

沈从文在这段时间不仅构思成文快，数日即有新作问世，其文学路向也发生了从叙述自身开始转向社会和人生的变化，作品风格趋于成熟，为其后来回京后写成不朽名著《边城》《长河》积累了知识素养和艺术素材。

1932 年秋杨振声辞去国立青岛大学校长一职，沈从文亦应杨振声之邀离职去京，一方面与杨振声合作编辑《大公报·文艺副刊》，另一方面受国民政府教育部委托参与中小学国文教科书的主编工作。全民族抗战爆发后在西南联合大学任教，抗战胜利后任职北京大学，新中国成立后在中国历史博物馆和中国社会科学院历史研究所任研究员。1988 年 5 月，沈从文因病在北京去世，终年 86 岁。

“中国翻译《莎士比亚全集》第一人”——梁实秋

梁实秋

梁实秋（1903—1987），原名梁治华，字实秋，浙江杭县（今杭州）人，中国现当代著名散文家、文学批评家、翻译家。

梁实秋于 1915 年夏考入清华学校，1923 年赴美留学，在科罗拉多大学、芝加哥大学、哈佛

[1] 沈从文：《从文自传》，当代世界出版社 2019 年版，第 136 页。

大学、哥伦比亚大学等校游学，专攻英语和欧美文学，获硕士学位。1926年回国后，初在国立东南大学任教，不久转赴沪上从事文化事业，参与创办新月书店。

1930年5月杨振声受命担任国立青岛大学校长之后，向全国文化界名流广抛橄榄枝。他亲赴上海邀请梁实秋和闻一多来青岛任教，并盛情相劝："二位不妨前去游览一次，如果中意，就留在那里执教，如不满意，决不勉强。"[1]当年暑假，梁、闻两人盛情难却，便应邀先去青岛采风后再作决断，结果"半日游览"和"一席饮宴"之后，即接下了聘书。闻一多被聘为文学院院长兼中国文学系主任，梁实秋则被委任为外国文学系主任兼图书馆馆长。

旅青期间，除了完成学校日常的教学和行政工作，梁实秋的大部分时间都用在了论文写作和英美文学翻译上，并在这里开始了自己一生规模最为浩大的文化工程——《莎士比亚全集》的翻译工作。1930年12月，中华教育文化基金董事会召开年会，议决成立编译委员会，任命胡适为主任，丁文江、徐志摩、陈寅恪、傅斯年、赵元任、闻一多、梁实秋、竺可桢等13人为委员。编译委员会成立后，胡适号召成立翻译《莎士比亚全集》的专门委员会，请闻一多任主任，成员有徐志摩、叶公超、陈源、梁实秋。然而，由于时局动荡，人员变动，合译计划迟迟无法落实。

梁实秋感觉莎士比亚乃西方文学之标志性人物，下定决心凭靠一己之力完成胡适先生的重托，并制订了一个长期的翻译计划，初步计划每年译出两部，自信18年后即可完成《莎士比亚全集》的中译工作。笃定心志之后，梁实秋便在教学之余埋头苦译。然而，因学校情势变动，梁实秋于

[1] 梁实秋：《忆杨今甫》，《槐园梦》，北方文艺出版社2018年版，第209页。

1934年秋辞去国立山东大学教职，并应胡适之邀前往北京大学任外文系教授兼系主任，举家迁往北京。从此，梁实秋结束了与山大四年的缘分。后来，梁实秋在诸多散文中说，青岛有他一生最美好的回忆。当然，这段美好的记忆也永久地驻留于山东大学百廿校史中。

自1936年起，商务印书馆开始出版梁译莎剧，先后出版《哈姆雷特》《麦克白》《李尔王》《奥赛罗》《威尼斯商人》《如愿》《暴风雨》《第十二夜》8种。其实，梁译《莎士比亚全集》直到1967年才最终结集出版，全部译文计约300万字。这是梁实秋对中国文化的最杰出贡献，他也因此赢得了“中国翻译《莎士比亚全集》第一人”的美誉。

● 饮誉学坛，文学四山——“冯陆高萧”

山大在海内外学界向有“文史见长”之誉，这一学术口碑成塑于20世纪50年代。这里的“文”即中文学科，当时有“冯陆高萧”之说，分别是冯沅君、陆侃如、高亨、萧涤非四先生，其中冯沅君和陆侃如还是一对学术伉俪，更是成就了山东大学中文学科享誉全国学坛的佳话。

冯沅君（1900—1974），原名冯恭兰，后改冯淑兰，字德馥，出生于河南唐河县一个书香家庭，与哲学家冯友兰和地质学家冯景兰为同胞兄妹。陆侃如（1903—1978），字衎庐，祖籍江苏太仓，出生于江苏海门一个爱国士绅家庭。1947年，冯陆应校长赵太侔之邀来国立山东大学中文系任教，从事中国古典文学教学科研工作。在此后与山东大学相守一生的岁月里，冯陆爱情与事业比翼齐飞，科学研究同心协力，堪称文坛佳话。陆侃如于1951年任山东大学副校长，冯沅君则在1963年亦出任副校长一职；除了合作《中国诗史》《中国文学史简编》《中国古典文学简史》等书外，冯沅君于中国戏曲史研究方向独树一帜，而陆侃如则在古代文学研究上著述

▲ 油画《山大五岳》，姚榕华 绘

甚多。1956 年国家对全国教授施行分级制度后，冯沅君和陆侃如相继被评定为一级教授，而且冯沅君还是新中国的首位女性一级教授。

与冯陆在山东大学的学术渊源类似，萧涤非也是于国立山东大学青岛复校之后来校工作，并在这里终老一生。出生于江西临川县的萧涤非（1906—1991），其实早在 1933 年清华大学研究院毕业后，经导师黄节先生力荐就到国立山东大学任教，只不过后来因故转赴四川大学、西南联大执教。国立山东大学于 1946 年顺利复校后，萧涤非在校长赵太侔力邀下于 1947 年重回学校工作，与赵纪彬、丁山、王统照、陆侃如、冯沅君、黄孝纾等一批文史学者共同打下了山大文史学科复兴的基础。在此后的四十七载山大执教生涯里，萧涤非致力于中国文学史研究，尤以杜甫研究最为卓著，被学界称为“20 世纪的杜甫”。

1953 年 8 月，经陆侃如、冯沅君引荐，高亨来到山东大学中文系工作。高亨（1900—1986），初名仙翘，字晋生，吉林双阳人。1924 年，高亨考入北京大学，1925 年秋转入清华大学研究生院，师从梁启超、王国维先生，为清华国学研究院第一届研究生。毕业后历任河南大学、东北大学、武汉大学、齐鲁大学等校教授，1953 年起执教于山东大学中文系。高亨长年耕耘于先秦学术和文字学、训诂学领域，在诸子、《周易》、《老子》和《诗经》研究方面为学界所推崇。

1964 年元月，高亨在《文史哲》杂志所组织的学习毛泽东诗词笔谈活动中附词《水调歌头》一阕，上阕“掌上千秋史，胸中百万兵。眼底六洲风雨，笔下有雷声。唤醒蛰龙飞起，扫灭魔焰魅火，挥剑斩长鲸。春满人间世，日照大旗红”，因颇有气度而被社会上不少人误认为毛主席所作。后来，高亨将该词连同其代表著述寄呈毛泽东主席，主席于 1964 年 3 月回信：

1964年3月18日，毛泽东亲笔手书致高亨的函件

“高亨先生：寄书寄词，还有两信，均已收到，极为感谢。高文典册，我很爱读。肃此。敬颂安吉！毛泽东，一九六四年三月十八日。”毛泽东当时以为山东大学还在青岛办学，所以在信封上写道：“青岛山东大学高亨先生。”经时任校长成仿吾决定，学校从毛泽东的这封回信中采集了“山东大学”的校牌字体。

20世纪五六十年代蜚声学界的山东大学中文学科，不仅有饮誉学坛的冯陆高萧，还有黄孝纾、吕荧、殷孟伦、殷焕先、高兰、关德栋等学者。尤其是山大“词章之学”的杰出代表黄孝纾教授在20世纪五六十年代之交即与“冯陆高萧”齐名，号称“五岳”。

1985年，山东大学使用陆侃如、冯沅君捐献的存款，设立“陆侃如、冯沅君文学研究奖”，以示对这对学术伉俪的缅怀与纪念。2001年10月，学校在百年校庆期间召开“新世纪中国古典文学研究暨纪念冯陆高萧国际研讨会”，回望“冯陆高萧”在山东大学的黄金岁月。2006年11月，学校举办萧涤非先生百年诞辰纪念大会和纪念萧涤非先生诞辰100周年展览。2010年10月，学校在中心校区文史楼北面桂花园举行冯沅君、陆侃如先生雕像揭幕仪式。享誉学林的“四山”和“五岳”——正是这样一支全国一流的中国古典文学研究队伍，共同铸就了山大中文系的辉煌岁月，并奠定了今时今日学校高峰学科的发展格局。

● 独断之学，考索之功——“八马同槽”

20世纪50年代，与中文学科“冯陆高萧”这道为学人所瞩目的人文景观相比肩，历史学科也出现了“八马同槽”的学术盛景。“冯陆高萧”领军的中国古典文学研究和“八马同槽”作出的史学贡献，共同塑造了山大“文史见长”的学术地位和研究传统。

杨向奎在“八马”中率先与山东大学结缘，并成为“八马”的领军人物。杨向奎1910年出生于河北丰润，1935年毕业于北京大学历史系，师从著名历史学家顾颉刚。1946年，杨向奎来到刚在青岛复校的山东大学任职，并在次年任中文系主任。此后，随着时局发展，历史系逐渐从中文系独立出来并单独建系，杨向奎兼任历史系主任和历史语文研究所所长，因此也成为历史系第一任系主任。1952年6月，吴富恒转任学校教务长，杨向奎接任其文学院院长一职，并继续兼任历史系主任。直到1956年调到中国科学院历史研究所（现属中国社会科学院），杨向奎在校前后工作了十年左右，规划了山东大学文史学科的发展，成为山东大学历史学科的创建人。

继杨向奎之后来山东大学任教的是王仲荦。王仲荦生于1913年，浙江余姚人，乃章太炎的晚年弟子，加盟山大之前本在中央大学执教，但因支持学生民主运动而在1947年遭到解聘。正好，刚刚顺利复校的国立山东大学正在全国“招兵买马”，广储人才，于是时年34岁的王仲荦于1947年春北上青岛，并在当年8月被礼聘为教授。

童书业则是在青岛解放后来校任教的。童书业1908年出生于安徽芜湖，

▲ 油画《八马同槽》，邢小震 绘

来校工作之前本来在上海博物馆任总务部主任。1949 年暑假，经杨向奎介绍，童书业来青岛担任国立山东大学历史系教授兼文学所研究员。1950 年冬，“八马”中年龄最小的赵俪生来到山大。赵俪生 1917 年出生于山东安丘，起初在东北师范大学历史系任教，受到学校邀请后便与其夫人高昭一南下回家乡任教。

1951 年，“三马”加入，按照来校时间先后顺序分别是黄云眉、郑鹤声、陈同燮。黄云眉，1897 年出生于浙江余姚，乃自学成才，新中国成立初期曾入华东人民革命大学政治研究院学习，其后曾在上海临时大学短暂执教。

1951年1月，经华东军政委员会教育部介绍，黄云眉进入山东大学工作。郑鹤声，1901年出生于浙江诸暨，1920年考入国立南京高等师范学校文史地部，受学于历史学家柳诒徵、地理学家竺可桢，毕业后曾任南京国民政府国史馆纂修处兼史料处处长、国民党中央政治学校和中央大学教授，解放后调到华东大学历史系任教，1951年3月华东大学与山东大学合并时来校工作。陈同燮，河北武进人，专治西洋史，比黄云眉小一岁，先后在南开大学和美国密歇根大学学习，毕业后先在北京师范大学执教，但在山东大学的盛情相邀之下于1951年9月来校创建世界史学科。

“八马”中最晚加盟的是张维华。张维华，1902年出生于山东寿光，1933年获燕京大学研究院硕士学位后回母校齐鲁大学任教，曾任齐大文学院院长兼历史系主任。1951年9月，齐鲁大学历史系随着全国高等院校院系调整并入山东大学，张维华也因之调入山东大学任历史系教授。

至此，山东大学历史系形成了“八马同槽”的盛景。杨向奎在中国社会史、经济史、思想史、历史地理等领域均有佳作问世，尤其是对中国古代史和中国思想史的研究作出了重大的贡献，被誉为一代宗师；童书业是国学大师顾颉刚的弟子，乃古史辨派的主要代表人物，其治学领域广泛，涉及中国古代史、古籍考辨、古代历史地理、古代经济史、古代瓷器史、先秦思想史、历史理论、中国美术史等；黄云眉擅长考证，精于明史，对音韵训诂、版本目录、经学、文学和书法艺术等亦有深入研究，其《明史考证》一书尤为史林所重；张维华擅长中西交通史、社会经济史、秦汉史、历史地理研究；郑鹤声是古籍版本目录学、中西交通史和中国近代史专家，著述宏富，是我国中国近代史和中外关系史研究的开拓者之一；王仲荦对中国古代史和古典文学造诣深厚，尤其在魏晋南北朝隋唐史研究领域造诣精深，与武汉大学唐长孺先生并称为魏晋南北朝史学术研究领域的“南王北唐”（因王仲荦负责校注南朝五史、唐长孺负责校注北朝四史而闻名）；赵俪生对中国封建社会史、土地制度史、农民战争史的研究颇受学界重视，是农民战争史研究的开拓者；陈同燮是中国希腊罗马史研究的开创者之一，对世界史教学和资料建设作出了重要贡献。

在风云激荡的20世纪五六十年代，“八马”以《文史哲》刊物为平台，在中国史学界掀起了中国古史分期、中国农民战争史、中国资本主义萌芽等重大学术话题的讨论，因切合时代变迁而引领学术潮流发展，并为山东大学历史学科发展奠定了“独断之学”与“考索之功”并重的学术家风。

第十章
科学高地

在中华民族伟大复兴的征程中，山东大学一代又一代科学家秉持“为国家图富强”的初心使命，以小我融入大我，与社会进步和民族复兴同频共振，始终与国家发展和人民需要同向共行。他们有的胸怀祖国、服务人民，有的追求真理、严谨治学，有的淡泊名利、坚韧执着，有的甘为人梯、奖掖后学，在山大历史和中华大地上树立起一座座追求真理和科学报国的丰碑，展现了山大人的独特精神气质，彰显了伟大爱国主义的山大底色。

● “中国克隆之父”——童第周

童第周（1902—1979），浙江鄞县（今宁波鄞州区）人，字蔚荪，生物学家、实验胚胎学家、教育家，中国实验胚胎学主要开创人，中国海洋科学研究的奠基人，因开创中国克隆技术先河而被誉为“中国克隆之父”。

1934 年，从比利时比京大学获得博士学位的童第周，怀揣着科学报国的理想，不顾日本帝国主义即将蚕食华北的危险，毅然放弃海外的优渥条件，于当年 9 月与老舍、洪深、李达、王淦昌等人一道来到国立山东大学执教，自此与山东大学结缘。

在 22 年的山大历程中，童第周既经历了 20 世纪 30 年代和 50 年代学

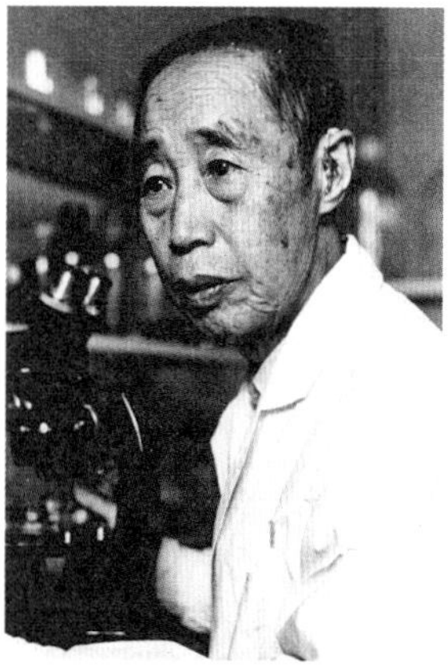
童第周

校的两次发展辉煌，也见证了学校内迁、复校、并校的曲折发展。童第周初到国立山东大学时，受聘于生物系。不料三年之后，日本帝国主义将战火烧到青岛地区，童第周也随学校内迁到四川万县。国立山东大学“暂行停办”之后，童第周辗转到了重庆，先后任中央大学医学院教授、同济大学生物系教授和复旦大学生物系教授。

新中国成立后，山东大学经过改造成立了校委会，童第周担任常务委员。1950年，经中央教育部批准，华东大学迁往青岛与山东大学合并办学，童第周与彭康、陆侃如、张勃川、余修、罗竹风、刘椽、刘宿贤等人组成迁并办理委员会。1951年3月，山东大学与华东大学顺利合并，中央教育部任命华岗为校长，童第周与陆侃如为副校长，他们与全体师生共同创造了山东大学第二次发展辉煌。学校重新组建学术委员会时，童第周担任主任委员，主持全校的科研工作。1955年9月华岗校长去职后，作为副校长的童第周主持学校工作，直至1957年7月晁哲甫来校担任校长。

在22年的山大历程中，童第周为山东大学的学科建设、学术发展和人才培养作出了重大贡献。1934年来青执教时，正值国立山东大学学科凝塑之际。此时，在杨振声和赵太侔两位校长接续经营之下，学校利用青岛的地利之便，决定将生物学作为学科发展之“中心点”。在这样的学科平台上，童第周潜心实验，多有创见与成果问世。如1934年在《国立山东大学周刊》发表专题文章，向外界揭示其在胚胎学实验中发现的两头蛙卵。1936年，又与夫人叶毓芬在《中国实验生物学》杂志第1卷第2号合作发表《双头青蛙之研究》一文，纠正了卢克斯及布拉舍氏理论（Roux-Brochets' theory）的谬误之处。正是在童第周等生物学科同人的集体努力之下，山东大学赢得了“海洋学科远东第一”“生物学科全国最好”的美誉。

1946年国立山东大学在青岛复校，童第周于当年8月回到学校重拾教鞭，担任动物学系主任，并于1947年4月受聘海洋研究所所长。1948年初，童第周受美国洛氏基金会之邀，赴美国伍兹霍尔海洋研究所开展为期一年的学术交流，其系务工作暂由戴立生教授代理。新中国成立后，山东大学于1951年创立了以理、工、农、医为主的《山东大学学报》，并成立学报委员会，时任副校长的童第周任主任委员。1952年，童第周又与华岗校长等人创立了新中国第一个海洋系，为中国海洋学的发展奠定了基础。1956年8月，童第周奉调去京，任中国科学院生物学地学部副主任，此后历任生物学地学部主任、中国科学院副院长。1979年3月30日，童第周于北京病逝。

童第周逝世后，山东大学举行多种活动纪念这位世界克隆先驱和杰出校友。2002年5月，学校隆重纪念童第周先生诞辰100周年。2009年，生命学院校友发起并设立“童第周教育基金”。2012年，中心校区举办纪念童第周先生诞辰110周年图片展。2021年9月，山东大学青岛校区在第周苑举行“中国克隆之父——童第周先生纪念活动”。

傅鹰

● “桃李树满神州”——傅鹰

傅鹰（1902—1979），字肖鸿，福建闽侯人，物理化学家，杰出的化学家和化学教育家，我国胶体与界面化学的主要奠基人，1955 年当选为中国科学院学部委员。

傅鹰出生于北京，1919 年考入燕京大学化学系，1922 年公费赴美国留学，6 年后在密歇根大学研究院获科学博士学位。1929 年回国后初在东北大学和北平协和医学院担任教职，1931 年受聘来国立青岛大学执教。

傅鹰到校之初，国立青岛大学刚成立一年有余，正处于学科大发展之际。校长杨振声以“兼容并包”“思想自由”的办学方针，打破门户之见，广聘专家学者来校任职任教。傅鹰所在的化学系，1930 年成立之初师资力量只有系主任汤腾汉和一位助教，但到 1933 年发展到教授 6 人、副教授和讲师 5 人、助教 12 人，师资力量基本齐整。

在校执教期间，已在学界扬名的傅鹰，依然坚持为一年级新生开设“无机化学”“分析化学”等课程，为三年级学生讲授“物理化学”课程，重视学生基础知识的学习和实践。而且，他在教学中既深入浅出，理论联系实际，又要求严格，治学一丝不苟，因而学生在修读他的课程的时候皆刻苦攻读，学识日精。曾亲炙傅鹰先生的一位校友回忆道：“吾辈学生受傅先生春风雨露，得益匪浅。”[1]

化学系当时毕竟处于草创阶段，设备仪器缺乏，开展实验只能因陋就简。但傅鹰和化学系同人不畏困难，多方活动，四处寻觅，添置仪器设备和实验用的药品试剂，以供基本科研和学生实验之用。在傅鹰的悉心指导下，其学生勾福长在实验中发现了活性炭的实践应用价值，并撰写发表专题文章《活性炭的吸附作用》，发现脱色性好和吸附毒气最多的活性炭可用作制糖工业中的脱色剂和用于制造防毒面具。这一成果很快应用到工业和军事领域，填补了国内对活性炭的原料使用空白，并得到了国民政府军政部兵工总署的嘉许。

新中国成立后，傅鹰先后在清华大学、北京石油学院和北京大学工作，曾任北京大学副校长。虽然离开山东大学多年，傅鹰却始终心系山东大学化学学科的发展，将其早年培养的研究生柳正辉、王果庭、陈宗淇、杨孔章等人分配到山东大学，在胶体化学研究上开枝散叶，“做工作母机”。缘此，山东大学化学系于1958年得以建立胶体化学教研室。后来，傅鹰参与由周恩来总理亲自主持的“1963—1972年科技发展十年规划”的制定工作，专门吸收山东大学胶体化学教研室承担的十年规划课题——活性炭的吸附。为此，山东大学专门建立溶液吸附和气体吸附实验室，做进一步的深入研究。如今，胶体化学教研室发展成为现在的胶体与界面化学教育部重点实验室，成为我国胶体与界面化学基础与应用研究的重要基地，胶体化学也成为山东大学一张亮丽的学术名片。

[1] 中国科学技术协会编：《中国科学技术专家传略》（理学编•化学卷1），中国科学技术出版社1993年版，第291页。

1979年9月7日傅鹰在北京逝世后，中国科学院院士黄子卿撰挽联一副：“元龙豪气无双士，入海探骊，物胶声传大地。平子文章第一流，登坛挥麈，桃李树满神州。”2002年10月16日，在傅鹰诞辰100周年纪念大会上，国务院副总理李岚清致函称：“傅鹰先生的事迹感人至深，是我国爱国知识分子的榜样。”四天后，第九届全国胶体与界面化学会议暨傅鹰先生百年诞辰纪念会在山东大学新校（中心校区）举行，以纪念他为我国胶体与界面化学作出的杰出贡献。

薛暮桥

“市场经济拓荒者”——薛暮桥

薛暮桥（1904—2005），原名雨林，江苏无锡人，首届中国经济学奖获得者，亲身参与中国计划经济和市场经济的体制建设，新中国第一代社会主义经济学家，被誉为“市场经济拓荒者”。

薛暮桥早在1927年就加入了中国共产党，四一二政变后被捕入狱三年，其间自学经济学、历史、英语等方面的知识，为后来在经济科学上深入研究打下了基础。出狱后，一方面投身农村经济方面的学术研究，另一方面参加各种抗日救亡运动。1943年初，薛暮桥到达山东敌后抗日根据地八路军一一五师驻地，在罗荣桓指示下主持根据地的对敌货币斗争。

1945年日本无条件投降之后，解放区的山东人民政府建立临沂山东大学，并设立学校管理委员会，由薛暮桥和黎玉、李澄之、田佩之、白备五等20人组成。1946年1月，薛暮桥受聘临沂山东大学教授，4月兼任经济系主任，5月又出任新改组的由12人组成的学校管理委员会，7月与校长李澄之一并被推选为山东省政府委员。薛暮桥执教期间，开设“思想方法和学习方法”课程，其讲义由山东新华书店出版，后被日本共产党译成日文出版，作为日本共产党员的学习教材。该书所彰显的思想理论与实践并重的教研取向，奠定了今时山东大学经济学科的发展特色和学术风格。

济南解放后，以临沂山东大学与华中建设大学为基础组建的华东大学迁入济南，并在1951年3月并入山东大学，成为山东大学“一体多源”校史的重要组成部分。此时，薛暮桥已调离山东，随党中央进驻北平，在中华人民共和国成立后协助周恩来总理和财经委员会主任陈云从事统一财经、平抑物价、改造私营工商业等工作，先后出任政务院财经委员会秘书长兼私营企业局局长、国家统计局局长、国家计划委员会副主任、全国物价委员会主任等职，成为计划经济体制的主要设计者和执行者。

党的十一届三中全会以后，薛暮桥提出财税、金融、价格、外贸以及国有企业等领域的改革方案，推动了经济体制改革，被誉为市场取向改革的倡导者与推动者和整体改革理论的先行者，为20世纪八九十年代的宏观经济政策讨论和决策作出了杰出贡献。1994年10月25日，国务院发展研究中心、国家计划委员会在人民大会堂联合举行“祝贺薛暮桥同志从事经济工作和经济理论研究六十年座谈会”，中共中央政治局常委、国务院副总理朱镕基出席并发表讲话，胡绳、陈锦华、马洪、孙尚清等理论界著名人士到会祝贺。

为铭记薛暮桥在山东大学经济学科发展历史上作出的奠基性贡献，山东大学特将获批教育部“基础学科拔尖学生培养计划 2.0”的经济学拔尖学生培养基地命名为“薛暮桥班”。2022 年 11 月，山东大学经济学拔尖人才培养研讨会暨“薛暮桥班”命名仪式在中心校区举行，孙冶方经济科学基金会秘书长、薛暮桥的三女薛小和出席会议。这是对薛暮桥经世济民精神的传承，也是对薛暮桥在山东大学经济学科发展上所作贡献的最好缅怀。

● “两弹一星”元勋——王淦昌

王淦昌（1907—1998），江苏常熟人，核物理学家，中国科学院院士，曾任中国原子能研究院院长，参与了中国原子弹、氢弹原理突破及核武器研制的试验研究和组织领导，中国核科学的奠基人和开拓者，“两弹一星”功勋奖章获得者。

王淦昌

王淦昌于 1929 年从清华大学物理系毕业后留校工作，1930 年考取江苏省官费留学，到德国柏林大学威廉皇家化学研究所攻读研究生。1934 年 4 月，获得博士学位的王淦昌学成归国，三个月后受聘于国立山东大学，与老舍、洪深、童第周、王宗清等学者一同来校工作。虽然王淦昌此时已经蜚声海内外学界，但受聘教授时仅有

27 岁，加之长着一副娃娃脸，有些年龄较长的教授都戏称他为“娃娃教授”。

王淦昌在国立山东大学工作虽然仅有两年时间，但在学校发展历史尤其是物理学科成长史上留下了永久的印记。王淦昌在开设“普通物理学”等课程中始终重视学科前沿知识的讲授，又善于采用循循善诱的启发式教学，不仅在于传授知识，更在于启发思维，因此深受青年学生的欢迎。随着日本侵略的加剧，学校因教育经费不足导致教学设备异常匮乏。面对这种困境，教授们亲自出马，自制各种教学仪器，光电管、计数管等物理学实验的一些基本设备都是由王淦昌带领技术员、助教和高年级学生一起动手制造。在王淦昌的组织之下，近代物理实验室在山东大学顺利落成。到 1936 年王淦昌转赴浙江大学之时，学校已建成科学馆、化学馆、水力实验室等设施。后来，王淦昌在回忆自己在山大的这段岁月时说：“这种自力更生，勤俭办学的优良传统，应该是山东大学最宝贵的精神财富。”

同样，两年多的执教生涯也给王淦昌留下了美好回忆和深刻记忆。1981 年 9 月，时为核工业部副部长的王淦昌来济参加会议，会议结束后要求“在山大走走”。王淦昌特地走访了晶体材料研究所、微生物实验室、物理系，看到学校近几十年惊人的变化，富有感情地说道：“1934 年秋季，我从德国留学回国后，受聘到山东大学物理系任教。岁月不居，半个世纪已经过去，沧海桑田，社会主义屹立在世界东方，而我对山东大学两年多的执教生活，却记忆犹新。回忆往事，历历在目。”王淦昌还专门题字留念：“教学相长，科教并重，发挥特长，精益求精，列于世界先进大学前列，并为祖国和四个现代化作出应有的贡献。”[1]“教学相长，科教并重，

[1] 桂长林编著：《中国科技成就概览》，合肥工业大学出版社 2011 年版，第 151 页。

发挥特长，精益求精”这十六个字可以说是王淦昌对20世纪30年代山大校风的精准概括和无限怀念。

1988年5月，山东大学隆重举行校友总会成立大会，共有79位校友组成校友总会第一届理事会，潘承洞担任会长，王淦昌等四位校友担任名誉会长，邓从豪等十位校友担任顾问。2007年，山东大学举行纪念王淦昌先生诞辰100周年学术报告会和图片展。2013年6月，山东大学又与中国科学院高能物理研究所、理论物理研究所协同共建“王淦昌班”，由此在山东大学历史上永久镌刻这名杰出校友的印记。

“中国雷达之父”——束星北

束星北

束星北（1907—1983），江苏江都（今扬州江都区）人，名传保，字星北，理论物理学家，做过爱因斯坦的学术助手，培养了李政道、程开甲、李建雄、李文铸、李寿枬、许良英、胡济民等著名学者，被誉为“中国雷达之父”。

束星北于1924年考入杭州之江大学，翌年转入齐鲁大学学习。1926年，束星北负笈海外，先后在拜克大学、加州大学、柏林大学、爱丁堡大学、剑桥大学、麻省理工学院等校学习。1931年回国后，又在南京中央军官学校、浙江大学、暨南大学和交通大学等校执教。

1952 年，在全国高等院校院系调整中，束星北调任山东大学物理系教授。此一时期山东大学考虑到办学实际，加强理科建设，重视数、理、化各专业的师资培养。束星北所在物理系的师资力量逐渐壮大起来，也成为学校重点发展的学科之一。系主任郭贻诚教授毕业于加利福尼亚理工学院研究院，获理学博士学位，擅长理论力学、电磁学等；王普教授获德国柏林大学研究院理学博士学位，曾在美国参加核分裂（原子弹）的初期研究工作，是我国为数不多的核物理学专家；张亮教授对量子力学和周北屏教授对无线电物理的研究在全国也各有影响；杨有楙、刘鸿宾、余寿绵、王承瑞、王应素、冯传海、陈成琳、陈继述、熊正威等人在理论物理、理论力学、高能物理的教学和研究方面亦各有专长。而束星北教授则是留学英国和美国多所名校，在理论物理和相对论方面有深入的研究，在物理学界有很高的声誉。

1952 年，山东大学创建了新中国第一个海洋系。此时正值第一个五年计划即将在全国范围内实施，中央气象局在山东大学设立了气象研究室。出于国民经济发展需求，束星北毅然放弃自己浸淫多年的相对论研究，决心献身气象科学。学校将物理系气象组转入海洋系，束星北任海洋系气象研究室主任，从此由量子力学和相对论转向大气物理和大气动力学研究。

在束星北的学术带动和组织调度之下，气象研究室从开始的寥寥数人发展到 20 多人的规模。束星北也很快将精力投入气象学研究，加之前期积累的数理基础，在 1953 年和 1954 年短短两年便在这个新领域写出专题论文近十篇，从物理学角度考察研究大气动力学。

在此后的一系列政治运动中，束星北虽然受到了不公正待遇，但是仍然矢志不移，时刻专注科研。1965 年，束星北写成《狭义相对论》手稿，1995 年正式付梓问世，中国科学院院士、“两弹一星”功勋奖章获得者王淦昌还专门写了序言。

束星北的一生既是追求真理、潜心研究的一生，也是自强不息、坚韧执着的一生。原国家海洋局局长孙志辉这样盛赞束星北：“中国曾有过这样一位科学家，是中华民族的自豪。”中国核科学的奠基人和开拓者王淦昌也说：“星北的一生是伟大的，做了许多重要的成果。虽经坎坷，仍能为国家、为人民作出这么多的贡献，是值得后人学习的。”

“中国藻类研究之父”——曾呈奎

曾呈奎（1909—2005），号泽农，福建厦门人，海洋生物学家，中国科学院院士、第三世界科学院院士，中国海藻学研究奠基人，被国内外学界誉为“中国的海藻大王”或“中国藻类研究之父”。

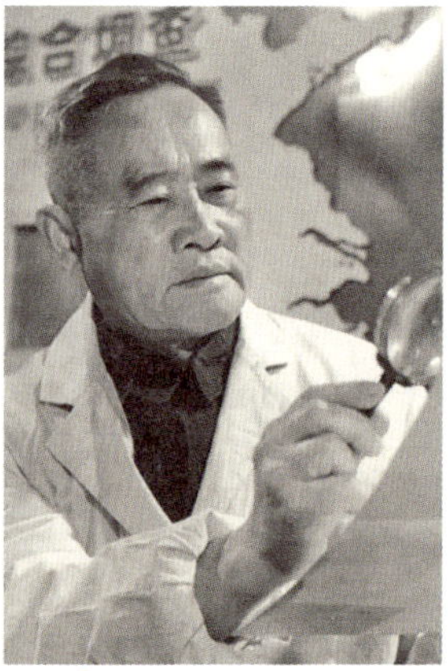
曾呈奎

曾呈奎一生两次与山东大学结缘。第一次是 1934 年从岭南大学获理学硕士学位之后，曾呈奎于次年 8 月到国立山东大学任教，担任生物系讲师。1936 年，生物系成立包括海洋生物研究室在内的八个教研室，海洋生物研究室主任一职就由曾呈奎担任。在曾呈奎带领下，海洋生物实验室除进行采集、调查样本之外，主要任务是进行科学研究，仅在当年就撰写各类研究论文20余篇，见刊于国内各专业杂志。其中，曾呈奎刊载于《海产生物集刊》的《海南岛海产绿藻之研究》一文，研究各类海藻凡计38种，其中新种和新变种各一，并有三种为世界稀有之标本。1938年3月，时任生物系副教授的曾呈奎回到华南，担任岭南大学生物系副教授，结束了他与山东大学的第一段学缘。

为了尽快地对中国海藻进行科学研究并及早赶上西方学界，曾呈奎于1940年决意赴美深造，攻读博士研究生。经过夜以继日的勤奋钻研，曾呈奎仅用两年时间就完成了密歇根大学的博士学业。面对海外优越的科研条件和生活待遇，曾呈奎仍然心系祖国，盼望能赶快回国。然而，正值二战爆发期间，曾呈奎不得不滞留在加州大学斯格里普斯海洋研究所继续学术研究。此一时期，他开始主攻物理海洋学和海洋化学，进行海藻资源开发及其利用研究，被海外学界认为是“第一个下海研究海藻的科学家”。

1946年国立山东大学在青岛复校，时任生物系主任的童第周向远在美国的曾呈奎发出邀约，希望他早日回国一同在山东大学开创海洋生物研究的未来。就这样，曾呈奎用山大汇来的钱款加上自己的部分积蓄，赶紧购置仪器设备和科研所需的图书资料，匆忙踏上了返回祖国的客轮，从此开启了他与山东大学的第二段学缘。

回到青岛后不久，曾呈奎在担任国立山东大学植物系主任兼海洋研究所副所长的同时，还带领从事海洋科学研究的同人组建了水产系，并在1950年8月和童第周等人筹建我国第一个专门的海洋科研机构——中国科学院水生物研究所青岛海洋生物研究室，后来发展成为我国规模最大的综合性海洋研究机构——中国科学院海洋研究所。20世纪50年代初期，曾呈奎在青岛近海人工繁殖海带获得成功，填补了国内在这一领域的空白，使我国成为海带生产大国。

1958 年山东大学由青岛回迁济南时，曾呈奎继续留在青岛海洋研究所工作。1980 年，曾呈奎当选为中国科学院院士，2002 年获得首届山东省科学技术最高奖。2005 年 1 月 20 日，因患多脏器功能障碍综合征医治无效在青岛逝世，享年 96 岁。

● “医者仁心”——原山东医科大学杰出教授群像

侯宝璋（1893—1967），别名又我，安徽凤台人，中国病理学先驱，医学教育家，著名爱国民主人士。侯宝璋 1920 年毕业于齐鲁大学医学院并留校工作，曾任病理学系教授、主任、医学院代院长，1948 年后出任香港大学病理学教授兼病理学系主任。1934 年，发表了我国第一部《病理组织学图谱》，在肝脏病与肿瘤研究方面颇有建树，提出并证明了华支睾吸虫寄生与肝癌发生的关系，在中国病理学研究和医学教育方面作出了重要贡献。

尤家骏（1898—1967），字修之，山东即墨人，国际知名麻风病学专家，一级教授，曾获山东省特等先进工作者等称号。尤家骏 1926 年毕业于齐鲁大学医学院，获加拿大多伦多医学院博士学位，曾任齐鲁大学医学院、山东医学院教授，1956 年担任副博士研究生导师。尤家骏是我国麻风病专业开拓者和奠基人，历任齐鲁医院皮肤科主任、山东省皮肤病防治研究所所长、中华医学会及山东分会皮肤性病学会主任委员。新中国成立后受国家卫生部委托，在济南举办四次全国性高级师资麻风病进修班，为国家培养了大批皮肤性病学专门人才。

张汇泉（1899—1986），河北文安人，人体组织胚胎学家。1919 年由燕京大学转入齐鲁大学医学院学习，后赴美留学，学成归国后先后担任齐鲁大学医学院院长、山东医学院副院长等职。20 世纪 50 年代初，张汇泉设计制造了系统、完整的胚胎学教学模具，建立了胚胎标本室，为我国胚胎学奠定了基础，另撰写了《胚胎图谱》《组织胚胎学》《胚胎学》《人体畸形学》等著作，其中《组织胚胎学》《胚胎学》等被卫生部列为全国医学院校通用教材。

赵常林（1905—1980），山东黄县人，一级教授，新中国骨外科学开创者和奠基人。赵常林 1930 年毕业于齐鲁大学医学院，获加拿大多伦多大学医学院博士学位。先后在北京协和医院、齐鲁医院、济南市立医院从事医疗和教学工作，曾任齐鲁医学院院长。解放后历任山东医学院外科教研室主任、山东医学院附属医院外科主任、山东医学院院长等职，1956 年担任副博士研究生导师。赵常林对骨外科医疗技术造诣较深，被誉为“骨科圣手”，为山东乃至全国骨外科学的医疗技术发展作出了开创性贡献。

孙鸿泉（1910—1979），山东博兴人，一级教授，我国耳鼻喉科事业的开拓者与奠基人。孙鸿泉 1938 年毕业于齐鲁大学医学院，同年赴加拿大深造，获多伦多大学医学院博士学位。回国后，先后任成都空军医院耳鼻喉科主任、齐鲁大学医学院教授、山东医学院耳鼻喉科教研室主任，山东医学院附属医院主任医师。1951 年，孙鸿泉受卫生部委托为全国 29 个省市培养耳鼻喉科尖端人才，1953 年开设全国首批耳鼻咽喉大学本科专业班，1958 年主编的专著《耳鼻咽喉科学手术学》是国内公认的耳鼻咽喉专业的重要参考书，为国内耳鼻喉科学事业发展奠定坚实的理论和人才基础。

方春望（1915—1995），原名聂崇铭，浙江常山人。方春望 1938 年 11 月在上海加入中国共产党，1943 年毕业于迁至重庆办学的上海医学院，随后以医疗工作为掩护从事党的地下工作。1946 年起任华东白求恩医学院内科主任、教务主任，济南市军管会卫生部长，山东省立医院内科主任等职。1952 年齐鲁大学医学院、山东省立医学院、华东白求恩医学院合并组建山东医学院后，任山东医学院党委副书记、副院长兼教务长、院长等职。1985 年山东医学院更名为山东医科大学后出任校长。长期从事传染病学和流行病学的教学和研究工作，主编和撰写《实用传染病学》《传染病与流行病学》《实用临床流行病学》等著作。

苏应宽（1918—1998），广东南海人，原山东医学院副院长，第三、第五届全国人大代表，是享有国际声誉的妇产科专家。苏应宽 1943 年毕业于迁至重庆办学的上海医学院，在济南解放后不久与其兄胸外科专家苏应衡一道来山东从医，在医学界被称为“山东二苏”。改革开放后，苏应宽曾担任支援坦桑尼亚医疗队队长，具有崇高的国际主义精神。苏应宽擅长宫颈癌手术，其开创的“人类宫腔内配子移植技术”在 1992 年被卫生部评为医药卫生界十大新闻之一，并于 1993 年被国家科委评为国家发明奖三等奖。

● “兴工报国”——原山东工业大学杰出教授群像

刘先志（1906—1990），字士心，山东高密人，力学家、工程教育家，一级教授。刘先志 1930 年毕业于燕京大学数学系，1933 年到国立青岛大学做旁听生，学习机械工程，1934 年到德国，先后在柏林工业大学机械系、哥廷根大学数理学系学习并获博士学位，曾任柏林工业大学理论力学研究所研究员。回国后赴山东工学院执教，曾任教务长、副院长。1977 年后，任山东省工业厅副厅长、山东省副省长、山东省政协副主席等职。刘先志在理论力学、流体力学、弹性力学、振动学、热应力、热传导、应用数学和机械工程技术理论研究等领域取得了重大成果，尤其在热应力方面填补了国内科研空白。

丁履德（1912—1972），又名丁骥甫，山东日照人，著名内燃机专家、工程教育家，原山东工学院院长。丁履德1934年毕业于国立交通大学机械工程系，后留学意大利都灵大学航空研究院并在1937年获博士学位，1945年到耶鲁大学机械研究院学习，后至美国纽沃克工学院任教。1948年任教于国立山东大学并任工学院院长，1952年随山东大学机械系和电机系两系师生调入山东工学院并任院长。主要从事航空工程和内燃机的教学与研究，深谙飞机发动机理论，在我国航空界有一定影响，为我国工业、科技和教育界培养了诸多人才。

梁松方（1913—2014），广东中山人，工程教育家，原山东工业大学校长。梁松方1936年毕业于国立交通大学机械工程学院，1938年参加革命工作。1939年因参与研发我军第一支步枪而获得毛泽东同志题词签发的布质嘉奖状；1945年，时任晋绥军区兵工一厂厂长的梁松方组织人员利用废枪改制出自动步枪，命名为“向应式”步枪；1947年，梁松方组织技术骨干专门解决了迫击炮“近弹”问题；抗美援朝期间，梁松方作为业务主管全面负责西南兵工局的生产技术、军事管制和产品运输。1956年被任命为第二机械工业部十局副局长。1957年12月从北京调往山东工学院任党委副书记、副院长，1978—1983年出任山东工学院院长，1983—1984年出任山东工业大学校长。

邵洪泮（1916—1992），山东青岛人，著名电力系统专家。邵洪泮1940年毕业于西北工学院电机系，任国民政府资源委员会电业处技佐、国际广播电台收音台技术员、青岛海军造船厂工程师。新中国成立后来山东大学电机系执教，1952年全国高等院校院系调整后随电机系并入山东工学院，任电力系主任，曾任山东省动力工程学会、电机工程学会第一、二届副理事长。邵洪泮长期致力于电力系统教学与研究，在机电暂态过程分析方面对国内电力系统研究产生了重要影响，为电力工业培养了大批科技人才。

张协和（1920—1996），原名蒋孝传，江苏铜山人，著名机械专家。张协和1937年毕业于山东高等工业学校，1939年奔赴革命圣地延安，此后工作涉及机械、冶金、化工、建筑、农业、核能、航天、军工、教育、情报、工艺美术及中医、文史等学科。1947年调至中共中央华东局工作，任财办工矿部副部长。1948年任华东高级工业学校校长，1949年任山东工业专科学校校长，1951年被任命为山东工学院党组书记兼副院长。1956年调往北京后任第一机械工业部设计总局副局长、机械科学研究院副院长等职，1964年在机械科学研究院成立张协和直属研究室，专门进行国防尖端项目的试验研究。张协和先后主持的100多项科学研究中，有8项获国家级奖励，因此被称为“我党复合型和专家型的领导干部”。

夏天赳（1925—2018），又名夏英龙，浙江鄞县人，著名锻压专家、工程教育家。夏天赳1952年自上海交通大学机械系毕业后即来山东工学院任教，历任锻压教研室主任、学院副院长，1984—1991年任山东工业大学校长。夏天赳致力于锻压新工艺和新设备的研究，曾兼任山东制图学会理事长、全国锻压教育指导委员会副主任等。1972年开始研究各种零件的精锻工艺，先后获山东省科技进步奖二等奖、三等奖和一等奖。其中，伞齿轮精锻工艺的研究与推广解决了山东省小拖拉机主要配件严重短缺的问题，并因此于1991年获国家教委科技进步奖一等奖。

● “国之重器”——两院院士面面观

院士是一些国家设立的科学技术方面的最高学术称号，一般为终身荣誉。在我国，增选院士每两年进行一次，中国科学院和中国工程院每次增选总名额一般不超过百名。山东大学迄今共培养两院院士 40 人，其中在 2021 年院士增选中，共有三位校友同时当选，光学系 1980 级王玉鹏校友、光学系 1984 级郑婉华校友当选为中国科学院院士，电子系 1977 级蓝羽石校友当选为中国工程院院士。另外，2018—2022 年共有 54 位中国科学家当选为发展中国家科学院院士，山东大学本科校友计有 5 人入选，在数量上仅次于北京大学和浙江大学。现择取山东大学培养且在校工作的部分两院院士，以展现山大人攀登我国科研最高峰的风采。

潘承洞（1934—1997），江苏苏州人，数学家，教育家，1986—1997 年担任山东大学校长，1991 年当选为中国科学院院士（学部委员）。潘承洞 1961 年从北京大学研究生毕业后被分配至山东大学数学系执教，此后 36 年里把自己的科研生涯全部贡献给了山东大学。潘承洞在解析数论研究中成绩卓著，尤其是有关“哥德巴赫猜想”的研究成果为中外数学界所赞誉，也正因这一突出学术贡献在 1982 年与陈景润、王元共同摘得国家自然科学奖一等奖。为缅怀潘承洞在数学研究尤其是人才培养方面作出的杰出贡献，山东大学在数学学院成立国家基地班“潘承洞班”，培养数学学科未来的杰出人才。

蒋民华（1935—2011），浙江临海人，材料科学家，教育家，1989—1996 年担任山东大学副校长，1991 年当选为中国科学院院士（学部委员）。蒋民华 1956 年毕业于山东大学化学系并留校工作，直至 2011 年逝世，为山东大学奉献了 55 年的学术人生。蒋民华提出了亚稳相晶体生长新理论和新方法，开创了助熔剂法批量生长磷酸钛氧钾（KTP）非线性光学晶体的先河，开辟了有特色的半有机非线性光学材料的新方向。他创立的晶体材料国家重点实验室，是我国首批建设的十个国家重点实验室之一，目前已发展成为具有世界一流水平的晶体材料研究基地。2013 年 3 月，山东大学设立“蒋民华班”，培养晶体材料领域的“未来之星”。

邓从豪（1920—1998），江西临川人，理论化学家，教育家。1984—1986 年任山东大学校长，1993 年当选为中国科学院院士。邓从豪自 1948 年来化学系工作，除了在 1954—1956 年外调东北人民大学（今吉林大学）工作两年之外，其学术科研事业都是在山东大学开展的。邓从豪擅长量子化学与分子反应动力学，在配位场理论方法及电子相关理论研究方面为中外学界所瞩目，1978 年获全国科学大会奖和山东省科学大会奖，1982 年获国家自然科学奖一等奖。邓从豪逝世十周年之际，山东大学在中心校区化学楼前为其矗立铜像一座，以示永久缅怀。2012 年，山东大学将化学国家基地班冠名为“邓从豪班”，2020 年又设立“邓从豪教育基金”，旨在奖掖后学，鼓励后进。

艾兴（1924—2018），江西东乡人，切削加工和刀具材料专家，1999 年当选为中国工程院院士。1953 年艾兴由厦门大学调入山东工学院工作，至 2018 年病逝，在山东大学工作凡计 65 年。艾兴是我国切削加工研究领域的开拓者，首创融合切削学与陶瓷学于一体的陶瓷刀具研究和设计的理论新体系，先后开发成功 6 种陶瓷刀具，其中 3 种属国际首创。他还创建了超声与断续磨 - 间隙脉冲放电复合加工理论和技术，开发了专用直流电源和砂轮，研制了专用数控机床。1989 年获国家级优秀教学成果奖，1997 年获国家教委科技进步奖二等奖，2004 年获教育部科技进步奖一等奖。其研究成果被广泛推广应用，创造了巨大的经济和社会效益。

王克明（1939—2013），浙江乐清人，材料物理学家，2007 年当选为中国科学院院士。王克明 1961 年毕业于山东大学物理系并留校工作，先后担任物理系主任、物理系学位委员会主任、物理与微电子学院学位委员会主任、物理学院学术委员会主任、山东大学学术委员会主任。长期从事离子与固体相互作用及离子注入光波导的研究工作并作出了奠基性和开拓性的贡献，2005 年获国家自然科学奖二等奖，2007 年获“全国优秀博士学位论文指导教师”称号。2017 年 5 月，温州市文化地标——温籍院士风采园在温州竣工开园，园内矗立着新中国成立以来 23 尊温州籍两院院士的雕塑，其中就有王克明教授。

王文兴（1927—），安徽萧县人，环境化学家，1999 年当选为中国工程院院士。王文兴 1952 年毕业于山东大学化学系，此后在化工部北京化工研究院、化工部天津化工研究院、中国环境科学研究院工作，2003 年担任山东大学环境研究院院长。王文兴擅长大气环境和环境化学研究，是中国大气环境科学的开创者和中国大气化学的奠基人之一。其研究发现成为兰州西固地区光化学污染控制对策制定的理论根据，曾获 1985 年度国家科技进步奖二等奖，此系中国环境领域的第一个国家级奖项。2005 年，王文兴担任“山东地区大气 $PM_{2.5}$ 污染特征、来源及形成机理”课题组组长，研究结果明确了环渤海地区 $PM_{2.5}$ 的来源及影响其浓度变化的大气过程，为服务山东经济社会发展作出了重要贡献。

张运（1952—），山东阳谷人，心血管疾病专家，2001 年当选为中国工程院院士。张运 1985 年在挪威奥斯陆大学心内科获博士学位，2004 年担任山东大学医学院院长，2005—2013 年担任山东大学副校长。张运主要从事动脉粥样硬化与心力衰竭的基础与临床研究，始终工作在临床第一线，不断将科研成果转化为治病救人的临床实践，使历年接诊的数十万计临床患者成为超声诊断学研究成果的直接受益者。张运在学术研究上取得一批重要成果，获国家级科技进步奖二等奖 1 项、三等奖 3 项，何梁何利基金科学与技术进步奖 1 项、山东省科学技术最高奖 1 项、省部级自然科学和科技进步奖一等奖 6 项，其他省部级奖励 40 余项。

彭实戈(1947—)，广东海丰人，数学家，2005 年当选为中国科学院院士。彭实戈 1986 年获巴黎第九大学数学与自动控制三阶段博士学位和普罗旺斯大学应用数学博士学位，自 1990 年起任山东大学教授，历任数学研究所所长、金融研究院院长、经济学院院长、泰山学堂院长、数学与交叉科学研究中心主任、山东大学学术委员会主任等职。彭实戈主要从事概率论、控制论与金融数学研究，被誉为中国金融数学的奠基人。1994 年获国家教委科技进步奖一等奖，1995 年获国家自然科学奖二等奖，2003 年获山东省科学技术最高奖，2020 年获未来科学大奖“数学与计算机科学奖”。

陈子江（1959—），女，湖北武汉人，妇产科学与生殖医学专家，2019 年当选为中国科学院院士，农工党山东省委副主委。陈子江 1989 年在山东医科大学获博士学位，曾任山东省立医院妇产科主任、山东省立医院副院长、山东大学医学院副院长等职，2013 年 5 月任山东大学副校长，2015 年 7 月兼任山东大学齐鲁医学部部长，现为山东大学附属生殖医院首席专家、国家辅助生殖与优生工程技术研究中心主任。陈子江是我国具有重要国际影响的妇产科学和生殖医学专家，在临床上创新应用辅助生殖和出生缺陷防治技术，牵头系列多中心临床研究，解决了辅助生殖应用中的一些关键问题，曾获国家科技进步奖、国家发明奖、何梁何利基金科学与技术进步奖、全国创新争先奖、谈家桢生命科学成就奖等奖项。

李术才（1965—），河北涞水人，地下工程与隧道工程灾害防控专家，2019 年当选为中国工程院院士，山东大学校长。李术才 1996 年在中国科学院武汉岩土力学研究所获工学博士学位，2000 年来济组建山东大学岩土工程中心，历任土建与水利学院副院长、院长、山东大学副校长，2022 年 6 月起任山东大学校长。李术才长期从事隧道与地下工程突水突泥等灾害预报与治理研究工作，创建和创新了隧道施工不良地质超前预报理论与方法，揭示了突水突泥灾害发生机理，研发了隧道岩石掘进机不良地质超前预报技术系统以及地下工程高压动水封堵关键技术，其研究应用于铁路、公路和水利工程等领域，产生了显著的经济和社会效益，获国家科技进步奖二等奖 4 项、国家技术发明奖二等奖 1 项和第二届全国创新争先奖。

下篇
以文化人 培根铸魂

山大历史波澜壮阔、荡气回肠，既是一部与时俱进的创业史，也是一部催人奋进的发展史，还是一部坚持不懈的奋斗史，塑造了融入山东大学学脉的文化内核，积淀形成了四位一体的“山大基因”。“山大基因”包括心怀天下的“家国情怀”、使命在心的“担当精神”、坚毅厚重的“崇实品格”、敢为人先的“创新素养”。一代又一代山大人传承山大基因，争做走在时代前列的奋进者、开拓者、奉献者，薪火相传、砥砺前行，将“山大基因”融入血脉、注入灵魂，化为自我身份的鲜明烙印。

第十一章
家国情怀

在中国人的精神谱系里，个人之“家”与集体之“国”合为一体，家是国的基础，国是家的延伸，家国情怀牵萦在每位中华儿女心间，滋养着每个人的精神家园。在跨越世纪的山大历史上，山大人自觉将个人前途与国家命运紧密相连，从“全世界无产阶级联合起来”时代强音的发出，到抗美援朝、对越自卫反击战中担当精神的彰显，再到不负人民“生命相托”深情口号的表达，都是山大人家国情怀的生动体现。

● “全世界无产阶级联合起来”

马克思、恩格斯在1848年2月起草的纲领性文献《共产党宣言》结尾喊出“全世界无产者，联合起来”这句振聋发聩的口号，向全世界吹响了无产阶级充满国际主义的战斗号角，经久不息地激励着各国工人阶级大无畏的英勇斗争。

自这部马克思主义经典名著在近代传入中国之后，对于这一无产阶级战斗号角的翻译始终仁者见仁、智者见智，译法甚多，各有亮点，有的翻译为“万国劳动者同盟”，有的翻译为“万国之劳动者团结”，有的翻译为“世界劳工其合而为一”，不一而足。

视频《山东大学校长与〈共产党宣言〉的故事》：刊播于2018年5月4日

1920年8月，陈望道在上海翻译出版了《共产党宣言》第一个中译本。在翻译《共产党宣言》中的这句结束语时，根据其所翻译的底本日译本并参酌穆尔之英译本，将之翻译为“万国劳动者团结起来呵！”该译法随着这份《共产党宣言》第一个全译本的不断重印和传播，于20世纪二三十年代在我国广为流播。

随着时局的发展，政治语境也随之发生变化，对这一经典口号的话语表达也有了新的要求。1930年，上海华兴书局出版了中文世界《共产党宣言》第二个汉译本，第一次喊出了“全世界无产阶级联合起来”这一震撼人心的口号，奠定了我们今时耳熟能详的“全世界无产者，联合起来”这句经典名言的文本基础，而它的翻译者就是新中国成立后山东大学第一任校长华岗。

在《共产党宣言》众多中译本中，华岗译本不仅精确地传译了该书结束语的思想内涵与概念指向，还创下了一系列纪录，在《共产党宣言》中译历史上留下了不可磨灭的印记：它既是中文世界的第二个全译本，更是第一个由中国共产党人翻译的全译本；与陈望道的翻译底本——幸德秋水和堺利彦日译本《共产党宣言》相比，华岗译本乃是中国第一个以《共产党宣言》英文版为底本的译本；华岗译本是第一个全篇翻译三篇德文序言的译本，还是第一个英汉对照本。

更引人注目的是，从1920年陈望道《共产党宣言》译本问世到1930年华岗再度全译出版，此间中国革命形势发生了翻天覆地的变化：1921年7月中国共产党成立，1922年党的二大制定了党的最高纲领和最低纲领，1927年轰轰烈烈的国民大革命失败，1928年井冈山革命根据地建立。一系列新变化新形势要求马克思主义理论尤其是其经典文献在中国传播时必须与时俱进，符合时代话语。华岗译本就是回应了革命的最新理论需求，因而也在《共产党宣言》中译史、马克思主义在华传播史、中共党史研究上占据着重要地位。

华岗的《共产党宣言》中译本，出版之初多是在白区传播，后来辗转传入苏区并在1934年再次出版，成为中央红军学习马克思主义的必读书。当年，中共中央领导中央红军主力开始战略转移，不少红军战士就随身携带着《共产党宣言》中译本，走完了艰苦卓绝的长征路。

跟随华岗校长的步伐，新中国成立后山东大学第三任校长成仿吾1938年与《解放日报》编辑徐冰出版了《共产党宣言》中译历史上的"成徐译本"。成仿吾认为"大凡我们译书，总要从著者的原书译出来才好"，因此与国内以英文、日文为底本的其他译本不同，他决意以德文原本为底本，努力回到《共产党宣言》的原初语境，试图更精准地传译马克思恩格斯的思想要义。1938—1978年，凭借德、英、日、法、俄五国语言优势，成仿吾毕四十年于一"译"，先后五次译校《共产党宣言》，书写了其在《共产党宣言》中译史上的不朽篇章。

习近平总书记说："中国人历来抱有家国情怀，崇尚天下为公、克己奉公，信奉天下兴亡、匹夫有责……"山东大学两任校长的《共产党宣言》中译工作就是对这番话语的历史回应。华岗、成仿吾两位校长的《共产党宣言》译本不仅载入史册，而且它们折射出的勇担历史使命的家国情怀为一代代山大人所珍怀并共存。

争做“爱国主义教育的教材”

1950年6月25日，朝鲜战争爆发。美国不顾中国政府多次警告，悍然越过三八线，并派飞机多次侵入中国领空，轰炸丹东地区，将战火烧到鸭绿江边，严重威胁中国安全。在朝鲜政府请求下，中国人民志愿军于10月19日跨过鸭绿江，开赴朝鲜战场，并在六天后揭开了抗美援朝战争的序幕。

在志愿军打响入朝作战第一仗之后，中国国内发起了一场声势浩大的抗美援朝运动，高校青年学子踊跃报名参加志愿军和各类后勤保障组织，要求奔赴前线支援战争。

在国立山东大学，全校在1950年11月举行了抗美援朝反美侵略动员大会，有344人签名要求赴朝参战，到12月报名参军者已达600余人。在动员参军大会上，有的同学当场咬破食指，用鲜血写下了参军申请书，“欢送参军同学去军干校报名入伍的那一天，锣鼓震响，鞭炮齐鸣，由四人叠成的‘人马’，驮着一个个胸前佩戴大红花的志愿军新战士，欢呼着，簇拥着缓缓前进。山大师生的欢送队伍堵塞了道路，十里长街，一片沸腾的人海”。医学院附属医院和附设高级护士职业学校的医护人员，亦前后组成三批医疗队奔赴抗美援朝前线。中国人民抗美援朝总会和中国红十字会总会于3月24日下发的一份联合通知指出，各地医务工作人员志愿报名参加抗美援朝者，经审核合格来京报到者有“山东大学医学院、开滦煤矿及各地红十字会等302人”[1]，记录了山东大学在抗美援朝运动中作出

[1] 中国红十字会总会编:《中国红十字会历史资料选编（1950～2004）》，民族出版社2005年版，第22页。

的贡献。

在山东医学院，学校医学本科四届学生236人中的185人被分配到军队工作，后又从中划拨100人直接奔赴东北军区参加抗美援朝。另外，原分配到铁道兵团的10名学生，后来也被征调到朝鲜战场，袁文正和刘嘉乐两位同学在战场光荣牺牲。

在华东大学，此时学校一方面正在和国立山东大学筹划办理并校事宜，另一方面组织120名青年学员于1951年3月奔赴朝鲜战场，这是华东大学培养的最后一批革命战士。

华东大学学生奔赴抗美援朝战场

在齐鲁大学，学校医学院于1951年1月派沈元津、米嘉祥、王其昌、王宝华等参加山东省首批抗美援朝医疗队，5月派曹献廷等参加山东省第四批抗美援朝医疗队，8月又派沈元津、李幼群、张爱华、王书轩参加华东地区抗美援朝医疗队奔赴朝鲜前线。

教师们在抗美援朝中也率先垂范，有的教授赴朝参加志愿医疗队，有的教授深入前线慰问，有的教授把自己的亲人送到前线。

山东大学中文系高兰教授于1953年底参加赴朝慰问团，创作新诗《美丽的江山，英雄的祖国》，在社会上引起了巨大反响。[1]高兰原名郭德浩，毕业于燕京大学国文系，早在抗日战争期间就提倡诗歌朗诵，把朗诵诗歌变成唤醒民众保家卫国的号角，被誉为“钢铁的喉咙”。1951 年 3 月，高兰在华东大学与山东大学合并后来中文系任教，先后担任中文系副主任、主任。

山东医学院的张汇泉作为山东赴朝慰问团副团长带领慰问团到朝鲜慰问中国人民志愿军，回国后于 1954 年 2 月向医学院师生 1000 多人作报告，引起了医学院师生强烈的爱国情感共鸣。

山东医学院的苏应衡教授作为胸外科专家曾参加抗美援朝医疗队，亲赴战场一线冒着生命危险从事救死扶伤工作。苏应衡 1940 年毕业于燕京大学，1944 年获华西医学院学士学位，后赴美获纽约大学医学博士学位。在华东白求恩医学院改名为山东医学院后，任山东医学院院务委员会委员。

山东大学理学院院长郭贻诚教授在保家卫国的紧急关头，把自己刚刚成年的独子送到前线。[2]郭贻诚毕业于北京大学物理系。1931 年曾来国立青岛大学校担任物理系讲师，1946 年重回国立山东大学任物理系教授、系主任，新中国成立后任理学院院长。郭贻诚创办了山东大学磁学专业和磁学实验室，是我国磁学和磁性材料教学和研究工作的奠基人之一。

山东大学历史系陈云章教授作为青岛市抗美援朝分会组织部副部长，在抗美援朝战争爆发之初就代表青岛市参加中国人民赴朝慰问团赴朝慰问。他在返回学校后撰写的《志愿军所给我爱国主义的教育》中记录说：

[1] 参见山东省地方史志编纂委员会编：《山东省志》第 10 卷《民主党派工商联志》，山东人民出版社 1999 年版，第 127 页。

[2] 参见山东省地方史志编纂委员会编：《山东省志》第 10 卷《民主党派工商联志》，山东人民出版社 1999 年版，第 127 页。

“他们（志愿军）英勇的精神真是最好的爱国主义教育的教材。”[1]其实，以国立山东大学、华东大学、齐鲁大学为源流的山东大学系统，在这场伟大的爱国主义运动中，同样书写了最好的爱国主义教育的教材，生动彰显了山大人与国家休戚与共的家国情怀。

● 树立“十年榜样教育”的样板

1985 年，山东大学生物系学生与老山前线战士发起“祖国在我心中”“战士在我心中”的“双心”活动，载入中共党史、军史，与 1982 年“学习张海迪活动”并称为改革开放后 1978—1988 年“十年榜样教育”的两大样板。[2]

“双心”活动发端于山东大学和解放军云南老山前线某部的交流活动。中国人民解放军驻老山部队自卫反击战的事迹，强烈地感染了国内高校的广大师生。当时还处于期末考试阶段的山东大学生物系 1984 级的郭琳等 8 位女生，在春节前夕精心绣制了 8 颗红心簇拥着一颗红星的两面锦旗，寓含“战士在我心中”，寄往云南老山前线，表达对解放军保卫边疆的深情与敬意。前线战士收到锦旗后深为感动，他们把战火中写在香烟盒、罐头商标和纸片上的誓言、诗歌回赠给山东大学同学。随后，前线部队开展了“祖国在我心中”的活动，并把山东大学寄来的锦旗复制 250 面，从每个战斗小组分发，逐渐散发到整个参战部队，成为各指战员英勇作战的强大动力。由此，“双心”活动把战争前线和祖国后方连成了一体，军地遥相呼应，在参战部队、山东大学、山东全省乃至全国都形成了爱国爱军爱人民的良

[1] 陈云章：《志愿军所给我爱国主义的教育》，中国民主同盟总部宣传委员会编：《朝鲜归来》，中国图书发行公司，1951 年，第 70 页。

[2] 王本群：《对十年榜样教育的反思》，李长江主编：《十年的寻索："改革开放十年青运新篇"征文选萃》，吉林人民出版社 1990 年版，第 42—43 页。

1985年，山东大学生物系八位女生在宿舍绣制了“八颗丹心向红星”的锦旗，寄到老山前线，在全国掀起了“战士在我心中”的活动

好氛围。

山东大学的这一创新性举措，引起了中共山东省委、山东省人民政府的重视。1985年5月，中共山东省委宣传部、共青团山东省委和山东省教育厅联合发出通知，要求各地推广山东大学的经验，在全省青少年中广泛开展“双心”活动。

同年7月，共青团中央发出通知，要求各地推广山东省开展“双心”活动的经验，号召各级共青团组织在青年中积极广泛深入宣传、学习边防英雄的动人事迹，并采取各种生动活泼的形式，组织青年开展“学英雄、见行动、比贡献”的活动，引导广大青年把焕发的激情和干劲化为推动各项工作的巨大动力，争做“有理想、有道德、有文化、有纪律”的一代新人。8月10日至15日，共青团中央在北京召开思想政治工作会议，授予山东大学团委“青年思想政治工作先进集体”荣誉称号。国家教委也肯定山东大学“双心”活动为高等学校思想政治工作闯出了一条新路，并于1987年在全国少年儿童中开展“心中有祖国　心中有他人”主题教育活动。

近年来，山东大学因势利导，将学生的情怀引导到感恩母校、胸怀家国、立志成才和服务社会的实际行动中来，并开展“学生在我心中　山大在我心中”的“新双心”活动，并使其贯穿学生教育管理和学习生活的全过程，继续谱写新时代山东大学家国情怀的新乐章。

不负人民“生命相托”

2019 年底，新冠肺炎疫情爆发，地处华中地区的湖北武汉市受到冲击。在整个援鄂抗疫过程中，山东大学齐鲁医院、山东大学第二医院前后共派出 312 名医务人员奔赴抗疫一线，其中援湖北队员 295 人。“东齐鲁”与“北协和、南湘雅、西华西”会师武汉，谱写了社会上口耳相传的“医疗界四大天团”抗疫篇章。

视频《为了生命》：刊播于 2020 年 5 月 26 日

2020 年 1 月 25 日，农历大年初一，山东大学齐鲁医院第一批 5 人医疗队毅然奔赴湖北疫情最前线。此后两周内，又陆续派出三批医疗队员 145 人驰援湖北一线，尤其是整建制接管了武汉大学人民医院东院区的两个重症病区。为了实现“队员‘零感染’、提高重症患者治愈率”的目标，齐鲁医院护理团队在客观环境有限、医疗设施缺乏的情况下，科学防治，精准施策，制定了《山东大学齐鲁医院援鄂医疗队感控与护理管理手册》，涵盖了新冠肺炎重症病区护理工作管理制度、人员职责、感控标准与流程、护理职业安全与防护、病区医疗文件、职业暴露后应急预案管理制度以及医疗队集中生活驻地

视频《山川携手国无恙》：刊播于 2023 年 2 月 8 日

▲ 油画《山川重逢》，李平 绘

卫生防护管理办法等，形成了疫情防治护理工作的“齐鲁标准”，被推广应用于武汉大学人民医院东院区新冠肺炎临床防治一线。齐鲁人用生命守护生命，演绎了人间真情大爱，用行动和汗水擦亮了“齐鲁医学”百年品牌，展现了“东齐鲁”厚重的历史积淀。

自 2020 年农历大年初一起，山东大学第二医院先后派出四批医疗队驰援湖北，在疫情风暴中心抗击新冠肺炎。1 月 25 日，第一批 4 名医疗队员出征，1 月 28 日第二批 3 名医疗队员出征，这两批医疗队员均入驻黄冈

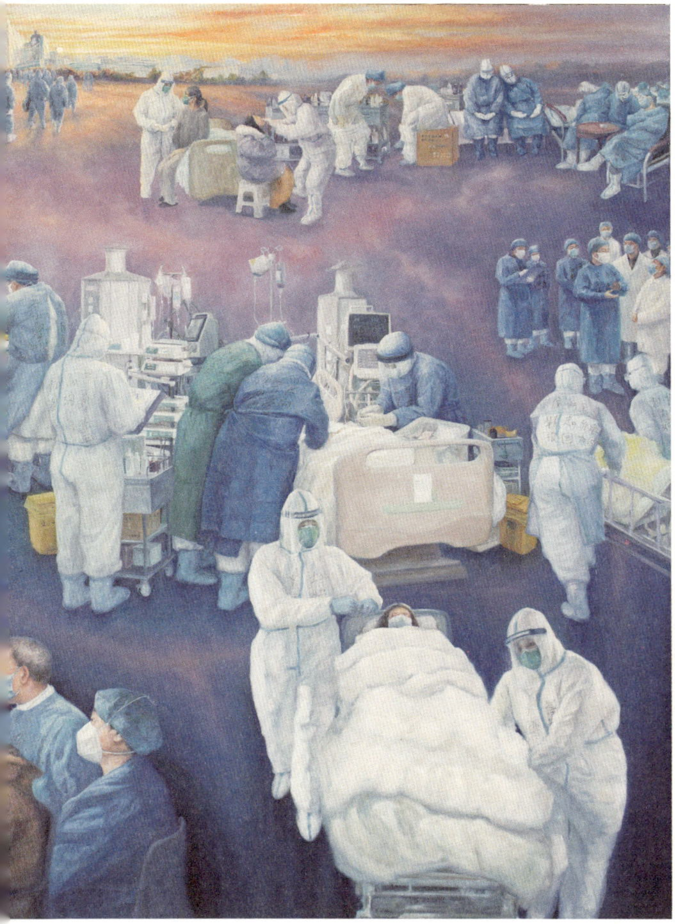

大别山区域医疗中心。2 月 2 日，第三批 7 名医疗队员出征，入驻武汉同济医院中法新城院区；2 月 9 日，又组建 131 人的国家医疗队整建制接管武汉同济医院光谷院区 E1 区 7 楼重症病房。援鄂抗疫期间，山大二院人充分发挥先锋模范作用，先后在各自医疗队中应用了气管插管机械通气、床旁血滤等危重症技术，更是在黄冈大别山区域医疗中心开展了第一例俯卧位通气、救治了第一例妊娠合并新冠肺炎患者，受到了患者及同行的高度认可，实现了“打胜仗、零感染”的出征目标。

2020年4月1日，《光明日报》以《你以生命相托　我必全力以赴》为题专门报道了山东大学齐鲁医院援鄂医疗队的事迹。不负人民“生命相托”，展现了山东大学医务工作者在抗疫一线“博施济众”的医者仁心；“我必全力以赴”，诠释了山东大学医务工作者在新时代的责任与担当，续写了山大基因中“家国情怀”的历史新章。

第十二章
担当精神

“为天下储人才，为国家图富强。”这既昭示了山东大学与生俱来的办学品格，也展现了一代代山大人的使命担当。一个时代有一个时代的使命，不负时代就必须勇敢承负使命担当。不仅在国家存亡关头、民族危难时刻的近代，而且在科技竞争日趋激烈、新兴技术竞争壁垒凸显的今时，一代又一代的山大人勇担使命责任，接续书写担当精神，叙说着一个个大局担当、学术担当、责任担当、使命担当的山大故事。

● 开拓大气环保科研前沿

2022 年 7 月 25 日至 29 日，第 11 届全国环境化学大会在哈尔滨举行。在大会开幕式上，举行了由中国化学会环境化学专业委员会组织的“环境化学终身成就奖”表彰活动，中国工程院院士、山东大学环境研究院王文兴教授荣获“环境化学终身成就奖”。其实，这不是王文兴教授第一次在环境科学领域获得殊荣。早在 2011 年举行的第 18 届中国大气环境科学与技术大会暨中国环境科学学会大气环境分会 2011 年学术年会上，王文兴教授就荣获“环境科学终身成就奖”。

生于 1927 年的王文兴，在解放前考入还在青岛办学的山东大学，在

王文兴

视频《滴水海洋》：刊播于 2019 年 10 月 7 日

化学系物理化学专业求学。化学系是山东大学的传统基础学科，早在 1934 年就建立了包括物理化学在内的 7 个实验室，教职人员齐整、优势方向突出的学术优势给王文兴未来的学术研究打下了坚实基础。从大学毕业到 1966 年，十多年间王文兴一直从事催化研究，先后在北京、东北等地工作，并有过留苏经历。改革开放后，经济发展和产业转移的同时也带来了环境污染问题，引起了国家的关注。1979 年，《中华人民共和国环境保护法（试行）》的制定，首开我国生态环境保护法律制度的先河。1980 年 3 月，王文兴被调到中国环境科学研究院，作为领导班子参加中国环境科学研究院的筹建工作，并负责大气环境研究。

接下来的二十年，是王文兴科学研究的集中爆发期。他与全国多所高校、科学院系统单位、中国气象局和环保系统多方合作，作为负责人主持完成了多项国家重点和攻关项目并取得累累硕果。1985 年，“兰州大气光化学烟雾污染与控制对策研究”获国家科学技术进步奖二等奖；1987 年，“大气环境容量研究”“太原地区大气综合观测研究”分获国家科学技术进步奖二等奖和三等奖。

在王文兴带头攻关的多项科研项目中，酸雨研究是最具影响且也最为艰巨的。在世界现代化的进程中，欧美曾因酸雨污染而致使森林衰竭、鱼虾绝迹，造成严重的生态灾难和重大经济损失。如何避免现代化进程中的中国少走甚至不走欧美国家的老路？王文兴义不容辞地承担了这一科研使命。1990 年，王文兴主持的项目“我国酸雨来源和影响及其控制对策研究”获国家科学技术进步奖二等奖，1998 年所主持项目“中国酸沉降及其生态环境影响研究”获国家科学技术进步奖一等奖，特别是后一个奖项是环境领域的首个一等奖，并保持了多年唯一的纪录。王文兴的酸雨研究成果为国家控制酸雨污染提供了可靠的科学依据，解决了我国最大的大气环境污染问题。在世界三大酸雨区中，中国酸雨成功控制所用时间最短、危害最小、科研耗资最少。

2003 年，王文兴回到母校创建了直属学校的环境研究院，在国内率先将量子化学计算引入环境化学领域，经其团队努力，山东大学环境量子化学研究目前达到了世界先进水平。2009 年，王文兴荣获首批“山东大学育才功勋”荣誉称号，2010 年又获聘“山东大学终身教授”。迄今为止，王文兴为山东大学培养了 50 余名博士和硕士研究生，多人获得国家级或省部级人才奖励，1 人获得全国百篇优秀博士论文奖，不少学生已能独当一面，在中国大气环保事业和国民经济绿色发展中发出了山大声音，彰显了山大担当。

● “为人民健康，尽微薄之力”

“为人民健康，尽微薄之力”是中国工程院院士、山东大学终身教授张运的座右铭。作为齐鲁医院心内科主任，张运的这番话既是对人民健康福祉的责任担当，更是对自己学术研究价值旨归的最好总结。

张运

1976年，张运在山东医学院（今山东大学齐鲁医学院）取得本科学历。工作几年后，在1978年考取山东医学院研究生，硕士毕业后即留在附属医院内科工作。1983年，刚过而立之年的张运受国家委派远赴心脏多普勒超声技术的发源地挪威留学。据张运回忆，他本来是想学习心脏电生理学，但到校之后了解到奥斯陆大学的心脏多普勒技术不仅是一门将工科、理科和医科相结合的新技术，而且也是该校的王牌专业。考虑到当时国内有不少身患瓣膜性心脏病和先天性心脏病的患者得不到有效诊断和救治，张运便跟随“世界多普勒女皇”丽芙·哈特尔（Liv Hatle）教授潜心学习并顺利毕业，由此成为第一个获得挪威奥斯陆大学医学博士学位的中国人。

1985年底，张运学成归国，很快将多普勒超声技术应用于临床救治，短短五分钟之内即可无创伤性地解决疾病的定性、定位和定量诊断问题，使患者免去创伤性的心导管检查，大多数心脏病患者得以迅速地接受手术，为挽救生命赢得了“时间窗口”。张运还著书立说，举办学习班，培养了一批多普勒超声技术专家，学习班里走出了不少学科带头人和杰出专家。

20世纪90年代，冠状动脉粥样硬化和高血

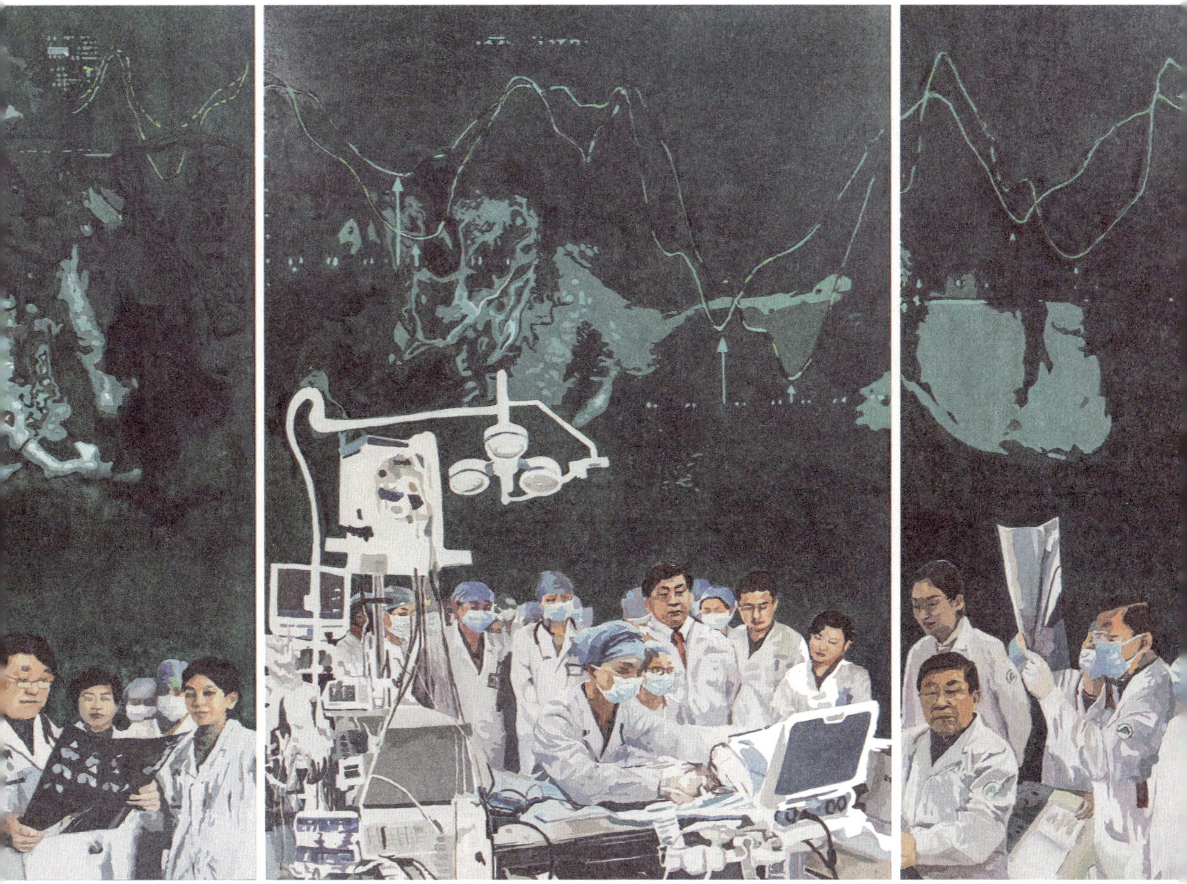

▲ 木板油画《生命守护者——山东大学张运院士及其团队创新攻坚》，董晓丽 绘

压病逐渐转变为心脏病的主要病种。为了人民利益和民众健康福祉，张运带领团队又开始攀登动脉粥样硬化和心力衰竭分子机制研究的学术高峰，在国际上首次建立了动脉粥样硬化易损斑块的力学模型和多种动物模型，阐明了斑块易损的炎症机制，首创以斑块体积应变和冠脉循环炎症和凝血因子浓度梯度预测易损斑块的新方法，筛选出可预防斑块破裂的多个新的基因和药物疗法；发现促血管生长因子和促动脉生成因子可协同诱导生成有功能的血管网络，改善心肌局部血流量和收缩功能，为缺血心肌的促血管生成治疗提供了新方法。

1985 年博士毕业至今，张运开拓了诸多心脏病学研究的处女地，成为国内多普勒超声心动图技术的开拓者和奠基人，在超声心动图学的基础研究和临床应用方面成为国际上最具影响力的学者之一，目前身兼中华医学会超声医学分会主任委员、中国心脏学会名誉会长、亚太超声心动图学会副主席、国际动脉粥样硬化学会中国分会副主席，美国心脏病学院（FACC）会员、美国超声心动图学会（FASE）荣誉会员、欧洲心脏病学会（FESC）会员等职。

● 构建国际密码中国话语权

1983 年，17 岁的王小云考入山东大学数学系，开启了她的数学人生。1987 年，王小云顺利考上数学系研究生，学习一年之后，在两位导师潘承洞院士和于秀源教授的建议下，将研究方向由解析数论改为新兴的密码学，并在 1990 年和 1993 年相继取得硕士和博士学位。

数论是公钥密码学最核心的数学基础，早在 20 世纪 80 年代初潘承洞就与著名数学家华罗庚、王元、陈景润一起被国际数学界称为中国数论派。80 年代中期之后，潘承洞与其留校工作的两位弟子于秀源、展涛成立了密码研究小组，从数论研究学生中遴选优秀研究生从事密码学的学习和研究，而王小云就是其中的两名学生之一。此时，基于数学难题保障其安全性的现代密码学，其实是从 1976 年才开始发展，在当时是不折不扣的新兴学科。而且，随着互联网的普及，人们在享受使用其传送信息之便捷的同时，也承担着信息在网络上公开传输所带来的安全风险，故而对于相关信息必须经过加密之后才可以在网上传输，这显然离不开现代密码技术。而对于现代密码技术话语权的掌握，在竞争激烈的国际格局下更是关涉国家安全和民族利益。

1993 年王小云博士毕业留校工作后，从公钥密码转向当时国内无人从事的冷门的“Hash 函数”研究。经数年潜心钻研，先后取得了多个突破性成果，为中外学界所瞩目。

2004 年 8 月，在美国召开的国际密码学学术年会上，王小云关于破译 MD5、HAVAL-128、MD4 和 RIPEMD 算法的学术报告引起了国际密码界的轰动，与会专家称这是密码界近年来“最具实质性的研究进展”。

2005 年 2 月，在美国洛杉矶召开的国际信息安全年会上，五位世界顶级密码学家公布了三位中国研究人员王小云、尹依群、于红波关于 SHA-1 的破译结果。

2006 年 12 月，时任数学与系统科学学院信息安全研究所所长的王小云教授获第三届中国青年女科学家奖，当时共有五位女性科学家获得这一奖项。

2009 年 1 月，王小云主持的“国际通用 Hash 函数的破解”项目获 2008 年度国家自然科学奖二等奖，这是该年度国家自然科学奖的最高获奖等级，而国家自然科学奖一等奖继 2007 年度空缺后再次出现空缺。

王小云受聘清华大学高等研究中心杨振宁

王小云

视频《输入你的山大密码》：刊播于 2020 年 7 月 30 日

▲ 油画《构建国际密码中国话语权》，李晶 绘

讲座教授之后，又相继在 2014 年获得中国密码学会密码创新奖特等奖，在 2017 年当选为中国科学院院士，在 2019 年获得未来科学大奖“数学与计算机科学奖”。近年来，王小云先后设计多个密码算法与系统，解决现实迫切问题，服务国家密码重大需求，在保护国家重要领域和重大信息系统安全上贡献尤大。2018 年 6 月，山东大学网络空间安全学院（研究院）在山东大学青岛校区成立，王小云出任院长，助推山东大学网络空间安全

学科新发展。

● 求解人类“生命之问”

近年来，中国不孕不育率提高，生殖健康形势逼人，且随着出生人口断崖式下滑，人口形势日趋严峻。如何守护国民生殖健康，有效解决中国人口安全问题，成为国之所需、民之所望。在探索求解这一“生命之问”的科学家群体中，中国科学院院士、山东大学讲席教授陈子江多次站在生殖科学研究高峰，成为生殖医学领域的杰出女性科学家。

陈子江

1979 年，陈子江考入山东医学院（今山东大学齐鲁医学院）临床医学专业，1986 年作为山东医学院首批两名博士研究生之一，师从我国著名妇产科专家苏应宽教授从事妇产科学和生殖医学研究。面对众多因输卵管疾病不孕不育患者的需求，尽管当时国内医院缺乏能够实施“试管婴儿”的基本技术条件，陈子江还是克服种种困难，1992 年首例人类宫腔配子移植婴儿诞生。

视频《医路同行在山大》：刊播于 2020 年 8 月 6 日

经过在科研道路上的孜孜求索，陈子江逐渐成为我国具有重要国际影响的妇产科学和生殖医学专家。30 多年来，她立足国家人口健康战略需求，围绕不孕症等生殖障碍疾病及出生缺陷重大科学问题，在生殖医学理论创新、疾病机制解析和辅助生殖临床研究等方面取得系列创新性成果。陈子江阐释了不孕症等生殖重大疾病的病因机制，揭示了人类胚胎基因组激活机制和染色质三维动态调控规律，为诠释生命早期胚胎发育规律和预防出生缺陷奠定了重要理论基础。在临床上创新应用辅助生殖和出生缺陷防治技术，牵头系列多中心临床研究，解决了辅助生殖应用中的一些关键问题，国际同行评价其推动了“试管婴儿临床的标准变革”，其贡献使“中国已经成为世界生育治疗临床试验的领导者”。她还牵头制定了《不孕症诊断指南》和《多囊卵巢综合征中国诊疗指南》等系列诊疗规范，推动了我国生殖疾病临床诊疗的规范化和进步。她以通讯作者在 *N Engl J Med*（4 篇）、*Lancet*、*JAMA*、*Nature*、*Science* 和 *Cell* 等发表论文 300 多篇，被引用 13000 余次，获国家科技进步奖二等奖 3 项，国家发明三等奖 1 项、何梁何利科技进步奖、谈家桢生命科学成就奖、全国优秀博士学位论文指导教师、“妇产科好医生・林巧稚杯”和全国五一劳动奖章等奖励和荣誉。

如今，陈子江除了作为山东大学附属生殖医院首席专家外，还担任国家辅助生殖与优生工程技术研究中心主任和生殖内分泌教育部重点实验室主任，兼任生殖医学领域最权威学术组织——国际生殖学会联盟（IFFS）常务理事和世界卫生组织（WHO）等国际组织特使，也因此成为 IFFS 成立 60 年来第一位华人学术领导人。2020 年 5 月，陈子江荣获第二届全国创新争先奖，该奖是中央批准的继国家自然科学奖、国家技术发明奖、国家科学技术进步奖之后的又一国家重大科技奖励。

2020 年 9 月，习近平总书记在主持召开科学家座谈会时提出，我国科技事业发展要坚持“四个面向”——面向世界科技前沿、面向经济主战场、面向国家重大需求、面向人民生命健康，不断向科学技术广度和深度进军。

陈子江在生殖健康领域肩负重任，致力于解决关乎人类社会可持续发展的基础性和战略性重大问题，即是对“四个面向”这一要求的坚持和力行。

▲ 油画《求解人类“生命之问”》，王晰、王衍文 绘

第十三章 崇实品格

翻检山大120余年的校史，1901年出台的《山东省城试办大学堂暂行章程》就鲜明彰示，“大学堂首贵崇实，应扫除积习，力戒靡费”，还认为学校办理要“实事求是，力戒虚浮”，可以说“崇实”是山东大学的学脉基因、文化基理和品性基础，且经学校历代学者赓续发展和代际传递，业已成为山大学者的风骨和形象。山东大学迄今已为各行各业培养了60余万精英，耕耘在祖国各个领域，“基础扎实、作风朴实、工作踏实”的赞誉成为山大人的标签，这也是山东大学崇实品格的真实写照。

● “增强做中国人的骨气和底气”

2021年5月，习近平总书记给山东大学《文史哲》编辑部全体编辑人员回信中指出，“在党的领导下，几代编辑人员守正创新、薪火相传，在弘扬中华文明、繁荣学术研究等方面做了大量工作，在国内外赢得一定声誉，你们付出的努力值得肯定”，并希望“增强做中国人的骨气和底气，让世界更好认识中国、了解中国，需要深入理解中华文明，从历史和现实、理论和实践相结合的角度深入阐释如何更好坚持中国道路、弘扬中国精神、凝聚中国力量”。

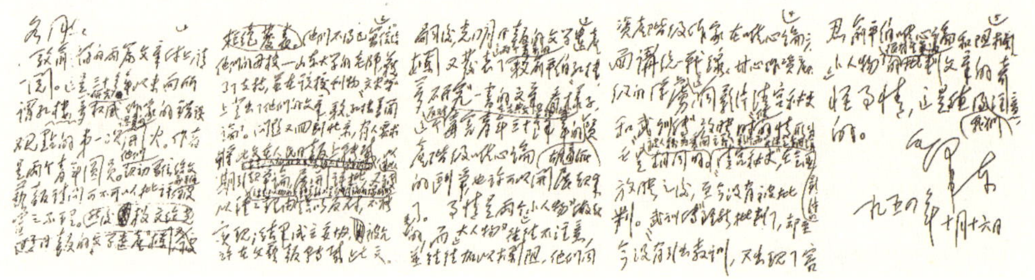

▲ 毛泽东《关于红楼梦研究问题的信》（手迹）

《文史哲》起初在学界之所以名声大噪，一个重要原因就是扶持“小人物”，以学术之实作为文章遴选的重要标准。《文史哲》在 1954 年第 9 期发表了李希凡和蓝翎《关于〈红楼梦简论〉及其他》一文，引起国内文学界和国外红学研究者的重视，被毛泽东认为是“小人物的文章”在过去三十年来“向所谓红楼梦研究权威作家的错误观点的第一次认真的开火”。

《文史哲》从一份同人刊物一步步发展成为全国高校“学报之王”，除了“学术之实”的编辑方针外，依靠的是一代代山大人文学者坚守崇实的治学精神，板凳坐得十年冷，文章不写一句空。

已故山东大学终身教授、儒学高等研究院学术委员会原主任庞朴专长中国古代思想史和文化史研究，被学界奉为简帛学研究的开拓者、儒学研究的泰斗；已故山东大学终身教授、文艺美学研究中心原主任周来祥为著名美学家、教育家，建立了在中国当代美学界独树一帜的和谐美学思想和理论体系；已故山东大学终身教授、当代社会主义研究所原所长赵明义主持的国家社科基金重大项目结项成果《中国特色社会主义与相关“主义”比较研究》阐明了中国特色社会主义在人类社会、社会主义发展进程和全球化进程中的独特地位；山东大学终身教授、文艺美学研究中心名誉主任曾繁仁几十年来潜心美学研究，是当代中国生态美学的领军人物；山东大学文学院终身教授袁世硕担任马克思主义理论研究和建设工程教材《中国古代文学史》编写组首席专家，多年来精益求精，努力打造经典教材，为马克思主义理论研究和建设工程建设作出重要贡献；中央文史研究馆馆员、山东大学终身教授、易学与中国古代哲学研究中心主任刘大钧主持出版的大型文献编纂工程——“百年易学研究菁华集成”，收集各类易学文献 35180 余种，对百余年来易学成果进行检索、保存、甄选与传承；山东大学终身教授、义和团运动与近代中国社会研究中心主任路遥，自 20 世纪五六十年代以来即投身义和团研究的田野调查并形成了与历史文献相结合的研究路径，为山东大学在海内外赢得了“义和团研究重镇”的学术美誉；儒学高等研究院学术团队践行“倾我所学，贡献国家”的信念，前后三代学者耗费 36 年时间，出版了 680 余万字的《杜甫全集校注》，标志着杜甫研究达到了一个新的高峰，堪称当代集部整理的典范之作。

另外，杜泽逊教授的《清人著述总目》、谭好哲教授的《文艺与意识形态》、王学典教授的《20 世纪中国史学编年》、陈尚胜教授的《清史·邦交志》、栾丰实教授等的《两城镇：1998—2001 年发掘报告》、傅有德教授的《犹太哲学史》、刘森林教授的《物与无：物化逻辑与虚无主义》、徐显明教授的《人权研究》、王韶兴教授的《社会主义国家政党政治百年探索》、张蕴岭教授的《百年大变局：世界与中国》、黄少安教授的《关于制度变迁的三个假设及其验证》、魏建教授的《法经济学：分析基础与分析范式》、张士闪教授的《乡民艺术的文化解读》等一批批具有广泛影响的创新性学术成果，也是山大人文学者板凳坐得十年冷的硕果。

山东大学不仅提倡“崇实”，还力行“崇实”基础上的“求新”。

2020年11月，教育部高等教育司依托山东大学成立全国新文科教育研究中心，时任山东大学校长樊丽明任教育部新文科建设工作组组长。如今，山东大学作为全国新文科建设组长单位，牵头制定新文科建设指南，构建“新理论、新专业、新模式、新课程”四位一体的新文科建设模式，发起成立全国首个“新文科”法学教育创新联盟，旨在构建体现中国特色、中国风格、中国气派的理论体系、学科体系、教学体系和评价体系。从文化中增强中国人的“骨气”，在历史中彰显中国人的“底气”，山东大学的人文科学在过去、现在也必将在未来努力成为中华民族文化自觉、历史自信的主阵地和主渠道。

● 打造“科学之王”

1930年，国立青岛大学在其理学院下设数学系，这标志着山东大学数学学科的诞生。经过山大数学人近百年的接续奋斗，目前山东大学数学学科首批进入国家“双一流”建设行列，在教育部第四轮和第五轮学科评估中与北京大学、复旦大学等校数学学科一道引领全国数学学科发展。山东大学数学学科近百年的变迁，也是学校崇实品格的完美写照。

1930年数学系草创之时可谓拓荒年代，师资仅有黄际遇教授一人，他既是理学院院长，又兼数学系主任，承担了“微积分”“代数解析”“立体解析几何”“数学演习”等所有课程的教学，创造了山大发展史上“一人系”的士林传奇。即使如此，黄际遇依然决定稳步踏实前进，因地因时推进学科建设及发展。数学系一方面在教学上制定“内容力求充实”的教学原则，强化师资力量，稳步推进教师队伍建设；另一方面在学生培养上坚持“宁缺勿滥”的原则，严格执行升留级制度，要求学生“于规定时间之内获充实正确之学识”，鼓励学生努力学习，激励先进，鼓舞后进。到

1936年度，数学系已能开出50门课程，其中必修课15门、分组必选课22门、选修课13门，师资规模和质量相比全国高校而言也较强。

新中国成立以后，数学学科更是以“崇实”作为发展路径。1962年数学专业被列为全校重点发展的七个专业之一，1978年成立直属学校管理的数学研究所，1981年基础数学和运筹学与控制论被遴选为全国首批博士学位授权专业，1982年潘承洞教授获国家自然科学奖一等奖，1991年建立首批“国家理科基础科学和教学人才培养基地”，1995年彭实戈教授获国家自然科学奖二等奖（一等奖空缺），1996年数学系更名为“数学与系统科学学院”，1999年应用数学获准设置“长江学者奖励计划”特聘教授岗位，2000年山东大学、山东工业大学、山东医科大学数学学科合为一体，2002年挂靠数学与系统科学学院的山东大学金融研究院成立，2007年数学学科被教育部认定为一级学科国家重点学科，2008年以数学学院院长刘建亚为带头人的“大学数学系列课程”教学团队被评为2007年度国家级教学团队，2009年王小云教授主持的“国际通用Hash函数的破解”项目获国家自然科学奖二等奖，2010年山东大学与中国科学院数学与系统科学研究院联合创办“华罗庚班”。

新时代以来，数学学科发展进入全新发展时期。刘建亚教授等完成的“自守形式与素数分布的研究”项目荣获2014年国家自然科学奖二等奖，陈增敬教授独立完成的项目“资产定价理论中的非线性期望方法”获2015年国家自然科学奖二等奖；2017年，数学学科在教育部第四轮学科评估中与北京大学、复旦大学数学学科并列“A+”，并在同年首批进入国家“双一流”建设行列；2019年，数学与应用数学专业入选国家级一流本科建设专业，2020年被列入国家强基计划，2022年数学学科在教育部第五轮学科评估中又继续领跑全国。

目前，山东大学数学学院现有国家级一流专业3个（数学与应用数学、统计学、信息与计算科学）、本科特色实验班3个（华罗庚班、潘承洞班、彭实戈班）、强基计划班1个，设有国家基础学科拔尖学生培养试验计划区，拥有国家应用数学中心（山东）、非线性期望前沿科学中心等多个国家级数学研究平台以及中泰证券金融研究院、数学与交叉科学研究中心、数据科学研究院等多个高端数学人才培养基地，组建了基础数学、金融数学、密码数学、医学数学、智能数学、通讯数学、海洋数学七大重点科研团队，在基础数学等重要前沿领域取得了国际领先成果，是我国重要的高等数学教育与数学科学研究基地之一。

● 闪耀“未来科学大奖”

山东大学迄今已有60余万菁英走出校园，他们在实际工作中践行学校“崇实品格”的文化基因，为山大在社会上赢得了“基础扎实、作风朴实、工作踏实”的口碑。近年来，在中国科学技术领域，素有“中国诺奖”之称的未来科学大奖颁奖典礼上，更是闪耀着多位山大毕业生的身影，他们成为山大“崇实品格”文化基因的最佳注解。

未来科学大奖设立于2016年，由科学家、企业家群体共同发起。作为中国首个非官方、非营利、民间发起的科学奖项，未来科学大奖主要奖励在大中华区获得杰出科技成果的科学家，旨在推动原创性的基础科学研究。诺贝尔物理学奖得主杨振宁对该奖项曾有一番评价：“未来科学大奖是第一个诞生于中国民间公益组织，由企业家群体发起成立的奖项，填补了中国民间权威科技奖项的空白；瑞典有诺贝尔奖，中国香港有邵逸夫奖，而未来科学大奖作为后起之秀将产生更加深远的影响。”

在奖项设置上，未来科学大奖目前设置“生命科学奖”“物质科学奖”“数学与计算机科学奖”三大奖项，单项奖金100万美元。截至2022年8月，“未来科学大奖”共组织7次评奖，仅有27人获奖。在迄今27人的获奖名单中，共有4名山东大学本科校友入选，创造了连续三届都有山大人的获奖纪录，山东大学因而也成为目前诞生未来科学大奖得主最多的高校。

薛其坤

2016年，在首届未来科学大奖颁奖典礼上，清华大学教授薛其坤成为“物质科学奖”首位得主。薛其坤1984年毕业于山东大学光学系，曾任清华大学副校长，现任南方科技大学校长，其获奖理由是“在利用分子束外延技术发现量子反常霍尔效应和单层铁硒超导等新奇量子效应方面做出的开拓性工作”。尤其值得一提的是，正是凭借在凝聚态物理领域取得的多项引领性的重要科学突破，薛其坤院士荣获2023年度国家最高科学技术奖。

在2018年第三届未来科学大奖颁奖典礼上，中国科学院上海有机化学研究所研究员马大为与冯小明、周其林共同摘得“物质科学奖”。马大为1984年毕业于山东大学化学系，其获奖理由是“在发明新催化剂和新反应方面的创造性贡献，为合成有机分子，特别是药物分子提供了新途径”。

在 2019 年第四届未来科学大奖颁奖典礼上，“数学与计算机科学奖”迎来首位女性得主，获奖人为清华大学高等研究院教授和山东大学网络空间安全学院院长王小云，其获奖理由是“在密码学中的开创性贡献，她的创新性密码分析方法揭示了被广泛使用的密码哈希函数的弱点，促成了新一代密码哈希函数标准”。

在 2020 年第五届未来科学大奖颁奖典礼上，山东大学数学学院教授彭实戈获“数学与计算机科学奖”。彭实戈 1974 年毕业于山东大学物理系，其获奖理由是“在倒向随机微分方程，非线性 Feynman-Kac 公式和非线性数学期望领域中作出了奠基性和开创性贡献”。

祖国的未来在青年，学校的未来在学子。2017—2021 年，山东大学在“创青春”全国大学生创业大赛、“挑战杯”中国大学生创业计划大赛、中国“互联网 +”创新创业大赛、“挑战杯”全国大学生课外学术科技作品竞赛暨“三创一挑”竞赛中共获奖 178 项，位列全国高校第一。在“崇实品格”熏染之下，一批批学生走出校园之后，以获得未来科学大奖的诸位山大前辈为榜样，未来定能为学校摘得更多的未来科学大奖。

● 构筑“地下钢铁长城”

在我国的基础交通建设行业，素有“19 世纪修路，20 世纪建桥，21 世纪开发地下空间”之说。山东大学岩土工程中心团队就是开发地下空间的积极探索者，并入选教育部首批“全国高校黄大年式教师团队”、国家基金委创新群体、教育部长江学者创新团队和科技部重点领域创新团队。

2000 年，35 岁的李术才从中国科学院武汉岩土力学研究所来山东大学执教，组建山东大学岩土工程中心。经 20 余年艰苦耕耘，李术才及其

李术才

岩土中心团队在隧道不良地质超前预报、重要突涌水灾害治理等领域取得重要突破，研发了隧道定量探水的激发极化方法和仪器，在国内率先实现TBM搭载自动化探测，并研制动水封堵系列注浆材料、关键技术与装备，从而实现了灾害主动防控和有效治理，推动地下工程建设取得了“准确感知、智能决策、科学应对、主动防灾”的重要进步。

在江西，素有“国内罕见、江西第一难隧道”之称的永莲隧道，因隧道地质环境极为复杂，在建设中突水突泥15次，山顶发生约2.5万立方米塌陷，被迫停工两年。岩土中心团队在国内外众多科研团队中脱颖而出，攻克了永莲隧道F2断层突水突泥灾害治理中的多个国内罕见技术难题，确保了隧道于2014年全线顺利贯通。

在吉林，作为国家重点引水工程的吉林引松供水工程，输水总干线隧洞全长70多千米，尤其是其四标段在施工过程中须穿越7000米的高风险岩溶地层，如此难度的工程当时在国内外少有成功先例。2016年，岩土中心团队将自主研发的超前地质预报仪器搭载到吉林引松工程“永吉号”国产隧道掘进机上，准确探明了全线24个致灾构造，揭露并成功穿越断层破碎带32处，

▲ 综合材料《大国之疆——山东大学援疆建筑工程》，董晓丽 绘

揭露含水构造等出水点 51 处，最终顺利穿越全部 7000 米的灰岩段，创造了灰岩地质条件下敞开式隧道掘进机月安全掘进 1226 米的全国纪录。

在云南，亚洲最长的铁路山岭隧道高黎贡山隧道穿越的地层种类高达 18 种，穿越 19 条断裂破碎带，被称为“世界上最难修的铁路隧道”，堪称铁路建设史上的“地质博物馆”。2018 年 4 月 30 日《新闻联播》报道说：“高黎贡山隧道，这条亚洲最长的山岭铁路隧道，地质条件极为复杂，建设者用上了我国自主研发的大直径敞开式硬岩掘进机‘彩云号’并安装了地质预报系统。”新闻中提到的“地质预报系统”就是由岩土中心研发，该系统使得“彩云号”能“听波辨位”，对刀盘前方一定距离内的断层、溶洞、含水构造等不良地质进行准确定位识别，大大保障了工程建设安全。

在福建，我国华南地区最长的钻爆法海底隧道——海沧隧道历经5年建设于2021年在厦门顺利通车。岩土中心团队承担了海沧海底隧道A2标段超前地质预报等工作，为工程的安全建设和顺利贯通提供了重要技术支撑。

在山东，岩土中心团队扎根齐鲁，服务山东高质量发展。团队与青岛地铁集团建立了青岛市隧道渗漏水防治专家工作站、隧道智能运维协同创新中心，先后解除了青岛地铁20余处涌水溃砂威胁，并在青岛胶州湾第一条海底隧道修建中成功预报全部18条断层，未发生一起突水灾害，保障工程提前顺利贯通。考虑到济南以泉城著称，团队以济南地铁精准识泉与科学保泉为导向，深度融合新一代信息科学与人工智能技术，为盾构智能装备赋能提效，力争打造服务济南地铁科学保泉的智能建造利器，为守护泉城与建设绿色地铁“保驾护航”。

李术才曾这样说道：“我们走的是产学研用相结合的路子，先从工程实际中找问题，然后在实验室里实验，研究灾害发生的机理，接着再到现场试验，最后到工程领域运用。既有理论，又有技术；既能找出问题，又能用自己发明的注浆材料、工艺进行治理；既形成了科研成果，又培养了年轻人。”从“工程实际”找问题到“实验室里实验”再到“现场试验”，这里的从“实”到“试”都充分彰显了山东大学文化基因中的“崇实”底色。

第十四章
创新素养

在山东大学文化基因中，不仅强调“崇实”，而且也强调“创新”，创新提质、学术兴校成为学校在不同发展阶段的共识。早在1904年，山大人便在英国《自然》杂志上发表文章，这是中国科学界走向世界的开始。此后，“童鱼”“夏道行函数与夏不等式”“彭一般原理”等国际上为数不多用中国人命名的重大成果皆留下了山东大学的印记，接续谱写了山大人创新知识文明的华美乐章。

● 从“童鱼”到“夏道行函数与夏不等式”

在青岛中国科学院海洋研究所档案馆里，至今保存着一份鱼类标本，它长着金鱼身子却带有鲫鱼尾巴，这就是震惊世界的“童鱼”标本。

这个鱼类标本之所以被命名为“童鱼”，就是因为它是中国生物学家童第周教授“发明”的。生物学家长期以来的共识是细胞核内染色体上的基因决定了生物的遗传性状，童第周却认为细胞质对生物遗传性状也起着明显作用，并提出生物的遗传性状是细胞核和细胞质间相互作用的结果的观点。

自1973年起，童第周和美籍华人科学家牛满江利用鲫鱼卵和金鱼受精卵做实验，证明了鲫鱼卵对金鱼受精卵细胞质的影响，并培育出一种单尾金鱼，既有鲫鱼的性状，又有金鱼的性状，将自己的上述观点在实验中予以了证实，由此开创了人类按照需要人工培养新物种的先例，对此后培育动植物新品种具有重大意义。

童第周虽然在1956年8月离开了山东大学，但是他在山东大学的从教经历无疑为其此后勇攀学术高峰打下了基础。其实，即使是国立山东大学于1938年“暂行停办”之后，童第周还是凭借着前期积累的学术成果在英国皇家学会杂志上发表了一篇鱼类胚胎学的论文，引起了国际学界关注，后在1948年获得美国伍兹霍尔海洋研究所的出国讲学邀请。

与“童鱼”和山东大学的学缘关系相似，扬名国际数学界的“夏道行函数与夏不等式”也镌刻着深深的山大印记。1930年10月出生于江苏泰州的夏道行，于1946年考入还在青岛办学的国立山东大学，此时正是国立山东大学复校第一年，他因而也是数学系在复校之后培养的第一届毕业生。

夏道行

1952年，也就是在山东大学本科毕业两年后，在复旦大学数学系任教的夏道行在泛函积分和不变测度论方面提出一个不等式，然而因各种原因未能在国内外学界引起注意。后来为国际学界知悉时，即以其名而命名为“夏不等式”。此外，夏道行在单叶函数论研究中获得了具有精确结果和某种变换不重叠性的一类解析函数，也引起国际函数论界的普遍重视，此类函数也因此被誉为“夏道行函数”。这两项成果为国际数学界所采用，故而也合称为“夏道行函数与夏不等式”。夏道行也因此成为中国数学家在“泛函分析”方面的代表性学者。

● “哥德巴赫猜想”

1978 年 1 月，《人民文学》第 1 期发表了一篇名为《哥德巴赫猜想》的报告文学，引起了极其热烈的社会反响，各地报纸、广播电台纷纷全文转载和连续广播。一时之间，《哥德巴赫猜想》一文飞扬神州大地，故事的主人公陈景润也几近家喻户晓，“数学皇冠上的明珠”更是大家耳熟能详的热词。四年之后，在 1982 年召开的全国科学技术奖励大会上，陈景润荣获国家自然科学奖一等奖，而与他一道获得该奖项的还有两人：一位是中国科学院数学研究所的王元，另外一位就是山东大学数学系的潘承洞。

潘承洞

1952 年，潘承洞考入北京大学数学力学系，受到江泽涵、段学复、戴文赛、闵嗣鹤、程民德、吴光磊等著名学者的教诲和指导。本科毕业参加工作两年之后，潘承洞又考取了闵嗣鹤教授的研究生，做数论专门化研究。研究生在读期间，潘承洞参加了华罗庚先生在中国科学院数学研究所主持的“哥德巴赫猜想”讨论班，在这里与陈景润、王元等人结识，并一起开始摘取“数学皇冠上的明珠”的学术征程。

1961 年 3 月，潘承洞在研究生毕业后被分配到山东大学数学系工作。仅在一年之后，28 岁的潘承洞就证明了“1+5”，这是在“哥德巴赫猜想”研究上迈出的突破性一步。1963 年，潘承洞与王元合作，又进一步证明了“1+4”。接着，苏联的维诺格拉多夫以及意大利的庞比尼在 1965 年证明了“1+3”。而陈景润则是证明了“1+2”，离摘取“皇冠上的明珠”仅有一步之遥。对于中国科学家当时在世界“哥德巴赫猜想”研究中的地位，王元后来回忆说：“承洞总共给我写了六十几封信，而他给未婚妻淑英大概只写了两封信，可见其拼搏之激烈。……一个日本学者说：‘在五六十年代，中国的解析数论着实光辉了一下’，指的就是景润与承洞。”

潘承洞在解析数论研究上成绩卓著，为中外数学界所推重。1981 年，潘承洞与其胞弟潘承彪合作出版了《哥德巴赫猜想》一书，这是“哥德巴赫猜想”研究史上第一部全面、系统的学术专著。该书被王元教授称为“绝非材料的简单堆积，而是对过去研究成果的创造性总结”，被学术界誉为“数论研究宝库的又一新作”。

潘承洞执教山大期间，可谓桃李满天下，于秀源、王炜、蔡天新、展涛、张文鹏、李红泽、郑志勇、王小云、李大兴、刘建亚等知名学者均出自其门下，山东大学数学学科亦因之而扬名于国内外学界。1979 年，时任数学系主任兼数学研究所所长的潘承洞组织人员专门成立数学小班，从系里遴选了全校 17 名 15—17 岁的尖子生。其中，郭雷同学在 2001 年当选中科院院士，杜一宏同学在 2021 年当选澳大利亚科学院院士。

1997 年 12 月 27 日，潘承洞因病在济南逝世，享年 63 岁。作为山东大学校长，潘承洞为山东大学的学科布局和特色发展作出了历史性贡献。2013 年 1 月，潘承洞铜像揭幕仪式在中心校区举行，其学术与事迹永远沉淀在山东大学的发展年轮里。

● 从“彭最大值原理”到“巴赫杜(Pardoux)–彭方程”

“彭最大值原理”“彭一般原理”“巴赫杜（Pardoux）- 彭方程”“巴赫杜（Pardoux）- 彭定理”这一连串以中国姓氏“彭”命名的重大成果，皆是出自中国科学院院士、山东大学数学学院教授彭实戈。

彭实戈

1974 年毕业于山东大学物理系的彭实戈，36 岁的时候留学法兰西。在法学习三载，彭实戈不仅获得硕士学位，还相接拿下两个博士学位：一个是巴黎第九大学的数学与自动控制三阶段博士学位，另一个是普罗旺斯大学的应用数学博士学位。1986 年学成回国之后，彭实戈来到复旦大学，成为中国最早的博士后之一。在复旦

视频《当数学遇上彭实戈》：刊播于 2018 年 10 月 13 日

大学组织的控制论讨论班上，彭实戈为随机控制系统的最大值原理找到了一条解决路径，后来撰文发表在控制理论的权威杂志*SICON*上，得出了“一般随机最大值原理”，这就是扬名学界的“彭一般原理”或“彭最大值原理”。

1990 年，彭实戈回到母校山东大学工作。当年，他与其法国导师巴赫杜合作发表文章，被数学界专家一致称为具有奠基性意义的“倒向随机微分方程”随之诞生。这项本来属于数学领域的成果却产生了衍生效应，在金融领域发挥了巨大作用，被公认为是研究金融市场衍生证券定价理论的“有力而优美的工具”，因而被学界命名为“巴赫杜（Pardoux）- 彭方程”或“巴赫杜（Pardoux）- 彭定理”。

1993 年，彭实戈发现期货市场的期权期货交易中存在严重问题，出于学者对国家利益的高度责任感，便向山东大学校长潘承洞和国家自然科学基金委去函陈述问题并提出建议，倡议加强对金融高级人才的培养。1996 年 12 月，国家自然科学基金会启动了重大项目“金融数学、金融工程和金融管理”，该项目由彭实戈担任第一负责人，揭开了中国金融数学从“0”到“1”的历史序幕。彭实戈从此掘开了金融数学之路，成为中国金融数学的开拓者，被誉为“中国金融数学第一人”。

进入 21 世纪，彭实戈又提出“g- 期望”和“G- 期望”理论，再次引起了国内外学术界的高度关注。2010 年，第 26 届国际数学家大会在印度召开，国际数学家大会每四年举行一次，是全球数学界最高水平的学术峰会，素有国际数学“奥运会”之称。在本届大会上，彭实戈受国际数学家大会组委会主席拉古纳坦（M. S. Raghunathan）教授正式邀请，出席大会并作了一小时报告，展示了中国在非线性数学期望理论及倒向随机微分方程领域取得的最新研究成果。彭实戈由此也成为第一位被邀请作一小时报告的中国大陆数学家，也是迄今为止获此殊荣的唯一一位中国大陆数学家。

如今，在彭实戈带领下，山东大学金融数学团队已发展为一个以研究金融数学理论为主的国际前沿性的研究团队，不仅注重科学理论创新，还注重理论成果向应用成果的转化，以期服务山东乃至全国金融经济高质量发展。

● “山东大学对我是非常重要的”

2021 年山东大学举行百廿校庆时，世界著名物理学家、诺贝尔物理学奖获得者丁肇中先生发来贺电，说“山东大学对我是非常重要的”，还说“我想继续和山东大学工作，让山东大学继续保持为世界上第一流的学校”。

实际上，这不是丁肇中第一次与山东大学结缘。早在 1994 年，丁肇中就应邀来学校讲学并被聘为名誉教授。在接下来的岁月里，他又将近十次亲临山东大学参加各种形式的学术交流。丁肇中为何对山大情有独钟？其中一个机缘是他的父亲丁观海教授曾在 1936 年担任国立山东大学土木工程系讲师并在 1946 年复校时被聘为土木工程系教授。

1994 年丁肇中来校讲学并被聘为名誉教授

2004 年 2 月，丁肇中造访山东大学，就山东大学加入其领导的“阿尔法磁谱仪计划（AMS

项目）”达成初步合作意向。2011 年 10 月，丁肇中来济参加山东大学 110 周年校庆，并参加了由国家 973 计划首席科学家、热科学与工程研究中心主任程林主持召开的媒体见面会，就国际空间站的 AMS 实验做新闻吹风。2013 年 4 月，山东大学参与的 AMS 项目在《物理评论快报》（*Physical Review Letters*）发布实验结果，这是该项目历时 18 年公布的首个物理实验结果。2014 年 9 月，程林教授受丁肇中先生委托，公布了 AMS 太空粒子新的实验结果，宣布发现了半个世纪以来宇宙射线实验首次得到反电子分率的最大值。2018 年 7 月，丁肇中在新闻发布会上说：“山东大学对这个实验的贡献是独特的、是非常重要的，没有山东大学热工程的贡献，AMS 就不会存在。”

视频《和丁肇中一起寻找“彩色雨滴”》：刊播于 2018 年 7 月 17 日

实际上，除参与 AMS 项目之外，山东大学科研工作者脚踏实地，仰望星空，在空间科学研究方面也取得了诸多创新性成果。

早在 2003 年，山东大学就与中国科学院国家天文台签署战略合作协议，双方决定在威海校区共建空间科学学科，成立空间科学与应用物理系，这标志着山东大学空间科学学科建设之始。此后，山东大学空间科学学科锐意进取，学科建设突飞猛进：2006 年，与华盛顿大学地球与行星科学系共建 PDS（行星数据系统）实验室；2012 年，中国科学院空间目标与碎片观测研究中心山东大学威海联合观测站成立；2013 年，开设“天文与空间科学菁英班”；2016 年，“空间科学与技术”学科被列入学校首批“学科高峰计划”特色重点学科；2020 年，空间科学与技术专业获评国家级一流本科专业建设点。

2021 年 5 月 15 日 7 时 18 分，“天问一号”探测器于火星乌托邦平原南部成功着陆，我国首次火星探测任务圆满成功。三天后，中国航天科技集团有限公司第五研究院火星探测项目办公室致信山东大学，感谢山东大学为“天问一号”成功着陆火星提供气象信息支撑。

2022 年 10 月，在“嫦娥工程”探测数据支持下，山东大学作为牵头单位，联合中国科学院地球化学研究所、吉林大学、中国地质科学院、中国地质大学（北京）、中国科学院地理科学与资源研究所等多家单位十年磨一剑，通过制定月球岩石分类指标、编图流程和方法、图例，应用 GIS 平台，完成了世界第一幅 1 ：250 万月球全月岩石类型分布图。这一系列成果的取得，无不是“创新素养”文化基因在知识文明创新中奏响的华美乐章。

结语
山魂海韵　续写华章

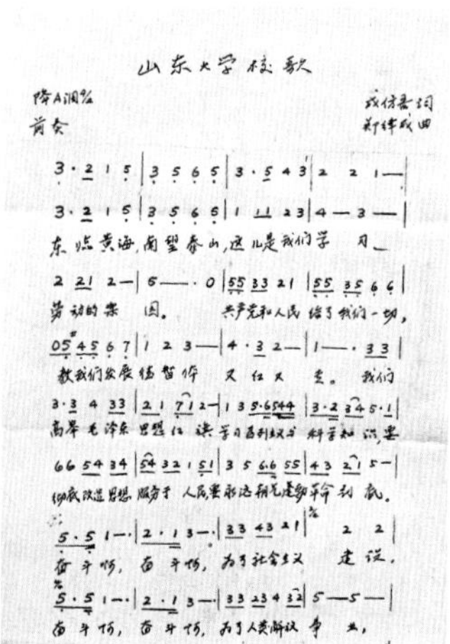

由成仿吾校长作词、著名作曲家郑律成谱曲的《山东大学校歌》

“东临黄海，南望泰山，这儿是我们学习劳动的乐园。”这是 1962 年成仿吾校长所作《山东大学校歌》的开篇之句，“山魂海韵”自此成为山东大学的精神品性和文化象征。经过 120 余年的赓续发展，山东大学目前是教育部直属重点综合性大学、世界一流大学建设高校（A 类），形成了一校三地的办学格局，在新时代谱写了山海与泉湖和谐共鸣的协奏曲。

——如今的山东大学整合优势，深化一体融合发展。在趵突泉边、千佛山下、大明湖畔，坐落着中心校区、洪家楼校园、趵突泉校园、千佛山校园、兴隆山校园和软件园校园，中心林影、洪楼韵幽、趵突泉声、佛山倒影、兴隆山色、软园晨光，彰显了济南校区的校园风姿和精神情怀；在崂山北麓、鳌山湾畔坐落着青岛校区，“一多书院”“从文书院”“振声苑”等一座座建筑诉说着山东大学与青岛跨越山海的世纪学缘；在黄海之滨、玛珈山前坐落着威海校区，取静文心畔，观星玛珈山，在这里既可以脚踏实地，又能够仰望星空。

视频《回响的校歌》：刊播于 2021 年 10 月 13 日

山东大学三地八校园各具特色：中心校区、洪家楼校园以文、理科为主，趵突泉校园以医科为主，千佛山校园、兴隆山校园及软件园校园以工科为主，新规划的龙山校区（创新港）将探索科教融合、产教融合、医教融合、军民融合等融合发展的新路径新举措新模式；威海校区重在建设“异地办学的示范性校区、坚持特色发展的高水平校区、加强国际合作的开放式校区”；青岛校区学科建设以增量为主，旨在打造“引领学术前沿的创新型校区、全面开放办学的国际化校区和深化综合改革的示范性校区”。

视频《光影山大》：刊播于 2021 年 9 月 20 日

——如今的山东大学创新机制，实施人才强校战略。学校现有专任教师 4600 余人，形成了一支包括中国科学院和中国工程院院士、长江学者特聘教授和长江青年学者、国家杰出青年科学基金获得者和优秀青年科学基金获得者、国家特支计划领军人才和青年拔尖人才、国家百千万人才工程入选者的心怀“国之大者”、潜心立德树人的高素质师资人才队伍。

学校引育并重，设立讲席教授、特聘教授、山大杰出中青年学者、齐鲁青年学者、未来计划学者、荣聘教授以及兼职讲席教授、兼职特聘教授、兼职山大杰出中青年学者、兼职齐鲁青年学者等人才称号，构建“顶尖人才—领军人才—青年人才—后备人才”的人才成长体系。学校组织海外专场招聘会，创立齐鲁青年论坛品牌，设立海外人才工作站，建设山大特色博士后队伍，广聚天下青年才俊，持续推进人才强校战略。

——如今的山东大学广筑平台，打造一流学术高地。学校建有国家级各类平台基地 26 个、教育部人文社会科学重点研究基地 4 个、部委级平台 51 个，另有大批省级重点实验室和工程技术研究中心。

理工科方面，建有晶体材料国家重点实验室（新一代半导体材料研究院）、微生物技术国家重点实验室、隧道工程灾变防控与智能建养全国重点实验室、高端工程机械智能制造全国重点实验室、金属成形高端装备与先进技术全国重点实验室等全国（国家）重点实验室，国家糖工程技术研究中心、国家胶体材料工程技术研究中心等国家工程技术研究中心，燃煤污染物减排（共建）国家工程实验室、电动汽车接入电网技术国家地方联合工程实验室、新能源与高效节能国家地方联合工程研究中心等国家工程实验室（研究中心），以及山东国家应用数学中心等 13 个国家级科研平台。

医科方面，建有生殖医学与子代健康全国重点实验室、络病理论创新转化全国重点实验室、国家辅助生殖与优生工程技术研究中心、国家医学攻关产教融合创新平台等 4 个国家级科研平台，另建有国家卫健委耳咽鼻喉科学重点实验室、国家卫健委卫生经济与政策研究重点实验室、国家卫健委心血管重构与功能研究重点实验室等 3 个国家卫健委重点实验室，1 个国家药品监督管理局药品监管科学研究基地，以及糖药物质量研究与评价重点实验室、药物制剂技术研究与评价重点实验室、创新药物临床研究与评价重点实验室等3个国家药监局重点实验室，此外还拥有齐鲁医院、第二医院、口腔医院、附属生殖医院等多家直属附属医院。

人文社科方面，建有易学与中国古代哲学研究中心、当代社会主义研究所、文艺美学研究中心、犹太教与跨宗教研究中心等4家教育部人文社会科学重点研究基地，1家省部共建协同创新中心“儒家文明协同创新中心”；山东大学和国务院参事室共建“山东大学国家治理研究院”，中国科协系统、山东省人民政府、山东大学共建“黄河国家战略研究院”，中国文艺评论家协会、中国文联文艺评论中心在山东大学设立“中国文艺评论（山东大学）基地”，国际儒学联合会在山东大学设立“国际儒学联合会山东大学学术基地”，中央网信办、国家发展改革委、教育部、国家体育总局等八部门在山东大学设立“国家智能社区体育健康治理实验基地”，威海校区建有交叉学科研究高端智库“山东大学国际问题研究院”，孔子学院总部、国家汉办与山东大学共建“山东大学中华传统文化研究与体验基地”；马克思主义学院是首批9所全国重点马克思主义学院之一，历史文化学院建有全国高校首批“国家级考古实验教学示范中心”和“环境与社会考古国际合作联合实验室”，法学院建有教育部国家人权教育与培训基地“人权研究中心”和最高人民检察院检察基础理论研究基地“山东大学检察理论研究中心”，艺术学院建有教育部首批中华优秀传统文化传承基地“雅乐艺术传承基地”，山东大学博物馆是全国高校唯一的历史考古类国家一级博物馆。

——如今的山东大学会通中外，构建国际合作新格局。学校以国际科研合作支持服务国家战略，先后与30多个国家和地区的220余所高校及科研机构建立了层次多样的合作关系。其中，既与英国剑桥大学、美国芝加哥大学、新加坡南洋理工大学、加拿大多伦多大学等50余所世界著名高校搭建了高层次、多学科的科研合作和师生交流平台，也与以色列希伯来大学、马来西亚马来亚大学、埃及开罗大学等一批“一带一路”沿线世界知名高校展开了丰富多样的人才培养和文化活动。

学校近年来推行“国际学分计划”，支持学生境外学习和选修校内国际化课程获得国际学分，实施本科“2+2”和“3+1+1”项目、硕士“1+1+1”项目及博士生联合培养和学期交换、短期访学游学项目等300余个交流项目，每年有2100余名学生到国内外近百个优势学科专业进行长期或短期交流学习。

学校制订和实施国际科研合作种子基金计划，加强国际化科研合作平台的培育，建有晶体材料、金融风险防控、心血管功能与重构、微生物技术、自旋电子物理、环境与社会考古等多个国际科研合作平台。2013年，与香港中文大学共建山东大学-香港中文大学生殖医学联合实验室，2014年与瑞典卡罗林斯卡医学院共建心血管研究重点实验室、肿瘤合作研究实验室、干细胞研究合作实验室、全球健康研究中心，2015年与美国莱斯大学共建山东大学-莱斯大学碳纳米材料联合研究中心，2016年与美国耶鲁大学共建教育部国际合作联合实验室“环境与社会考古国际合作联合实验室”，2017年与美国芝加哥大学共建山东大学-芝加哥大学公共治理研究院，2018年与德国亥姆霍兹感染研究中心共建山东大学-亥姆霍兹国际实验室，2019年与新加坡南洋理工大学共建山东大学-南洋理工大学人工智能国际联合研究院，与以色列特拉维夫大学共建山东大学-特拉维夫大学犹太与以色列联合研究所，2021年举办全球大学校长论坛，2022年与日本大阪大学共建山东大学-大阪大学材料连接国际合作联合实验室，2023年深化与英国剑桥大学、澳大利亚墨尔本大学等的合作交流，牵头成立中国-中东欧高校联合会体育学学科建设共同体。

——如今的山东大学筑巢引凤，创新特色人才培养体系。学校营造一流教研环境，搭建一流实践平台，打造一流课程资源，配备一流导师，培养深怀家国情怀、传承崇实品格、秉持担当精神、具备创新素养的社会主义建设者和接班人，让奋斗成为每位山大人青春记忆中最亮丽的底色。

山东大学以培养“最优秀的本科生”为己任，以学生成长成才为中心，依托一流师资、一流专业、一流课程和多元化培养模式，培养拔尖创新人才。截至2022年，学校率先实施专业现代化工程，目前95个本科招生专业中，共有74个国家级一流本科专业建设点、16个省级一流专业建设点，占本科招生专业总数的94.7%，其他均为国家急需战略新兴专业。学校115门课程入选国家级一流本科课程，入选数量列全国第六位。学校坚持因材施教、立体培养，开设主修、辅修学位、双学位和微专业，构建基地班、拔尖班、卓越班、菁英班、实验班、强基班等多元人才培养模式，打造泰山学堂、尼山学堂、齐鲁医学堂、崇新学堂等特色育人品牌，在“新工科”“新医科”“新文科”建设上保持领先态势。

山东大学致力于培养最具创造力的研究生。学校是我国最早招收和培养研究生的高校之一，也是全国首批获得博士、硕士学位授予权的单位，目前拥有博士学位授权一级学科46个，硕士学位授权一级学科52个，在教育部所规定的14个学科门类当中，涉及哲学、经济学、法学、教育学、文学、历史学、理学、工学、医学、管理学、艺术学和交叉学科等12个学科门类，综合开展科学研究和人才培养。在中国特色社会主义新征程上，视频《百廿山大 强校兴国》：
刊播于 2021 年 10 月 14 日

学校始终坚持提质创新，以坚定的改革精神推进研究生教育。2012 年率先在工程博士领域试行博士生招生申请审核制改革，2014 年打破导师终身制并实施岗位动态管理，2016 年开展学位授权点合格评估并建立动态调整机制，2019 年获批学位授权点自主审核单位，2020 年以来，在国家首届研究生教育工作会议精神指引下，加快实施研究生教育改革，全面推进学位点现代化、科教产教融合、交叉育人、全球胜任力工程等“四大工程”建设，不断提升服务国家、支撑科技自立自强能力，奋力打造拔尖创新人才培养高地。

从山东大学堂创办十四年仅毕业七届 770 余名毕业生到如今已培养耕耘在祖国各个领域的 70 余万毕业生，从救亡图存的觉醒年代到波澜壮阔的革命岁月，从栉风沐雨的建设时期到踏浪前行的改革征程，山东大学在跨越两个世纪里不忘初心、薪火相传，写就了一篇篇“顶天立地”的大文章。回眸过往，筚路蓝缕，展望未来，责任在肩。在新的伟大征程上，山东大学坚定不移高举中国特色社会主义伟大旗帜，以习近平新时代中国特色社会主义思想为指导，继续秉持“为天下储人才，为国家图富强”的办学宗旨，奋力开创建设担当中华民族复兴大任的世界一流大学新局面，为全面建设社会主义现代化国家、全面推进中华民族伟大复兴不断作出新的山大贡献，接续书写下一百廿的壮美华章！

后 记

校史是一所学校发展轨迹的客观记录，更是学校文化和精神的重要载体，有着丰厚的历史资源、文化内涵和价值意蕴。作为一所跨越百廿的老校，山东大学向来重视校史编纂与校史文化研究工作。2022 年 8 月，学校决定在已有校史研究成果的基础上，编写一部针对新生入学教育的简明发展史并用于 2023 级本科生和硕博研究生的录取工作，要求内容上点面结合、章目上亮点突出、语言上生动流畅、形式上图文并茂，旨在综合爬梳山东大学层累积淀的丰厚历史文化资源，摆明山东大学在中国近现代史尤其是中国高等教育史的位置，展现山东大学最具标志性和符号意义的维度层面，发挥好以史育人作用。

有鉴于此，这部名为《走进山大》的新编山大简明史在板块结构上分上、中、下三篇，意在彰显山东大学历史、人物与精神。上篇“历史”部分为经，重在纵向综括学校发展历史及其特点，以学校变迁史、学科成长史、学术发展史为主线论述山东大学的学脉赓续和文脉生成；中篇“人物”和下篇“精神”部分为纬，重在横向叙述山东大学历史发展中的人情物事与精神文化。较之2023年版本，本次修订重点补充了山东大学第十五次党代会的概况，也重点吸收了读者反馈尤其是学生家长的一些修改意见。总之，出版这部概览性的成果，希望既能作为新生校史学习的知识读本，又能作为海内外长期关心关注学校发展的校友和嘉宾了解山东大学的知识津梁。

本书在学校各级领导的指导下，由山东大学历史学院教授崔华杰执笔撰写，并得到了相关部门、校内外专家学者和艺术学院版式设计工作专班的重要支持。需要申明的是，本书吸取了山东大学过往所编校史的成果以及学界相关研究的成说，除了利用学校档案馆所提供照片图像之外并选用了若干流行于世的历史图片，然而因体例和篇幅所限均未能逐一注明出处，谨此深表谢意。当然，限于时间紧迫和任务繁重，加之一体多源的山东大学枝繁叶茂，所撰人物情事定有不尽圆满之处，也难免有遗珠之憾甚或错讹脱漏，在这里我们真诚欢迎读者诸君尤其是新老山大人批评指正，以供来日修改完善！

编　者

2024年仲夏于山东大学中心校区